高 校 思 想 政 治 工 作 研 究 文 库

教育部思想政治工作司　组编

时代新人培养的
高校使命与担当

王长华　叶雷　马俊　梅旭成 ◎著

人 民 出 版 社

目　录

导　论

　　教育是国之大计、党之大计。习近平总书记在党的十九大报告中提出"培养担当民族复兴大任的时代新人"这一重大命题，就新时代"培养时代新人"作出新的理论概括和战略部署。此后，习近平总书记又先后在全国宣传思想工作会议、全国教育大会和学校思想政治理论课教师座谈会等多个场合就时代新人的内涵和外延以及培养提出工作要求。在 2024 年全国教育大会上，习近平总书记再次强调，要教育引导青少年学生坚定马克思主义信仰、中国特色社会主义信念、中华民族伟大复兴信心，立报国强国大志向、做挺膺担当奋斗者。"培养担当民族复兴大任的时代新人"这一重大命题的提出是我们党基于新的历史方位提出的人才培养目标，是对马克思主义经典作家人才思想、青年思想的继承和发展，是习近平新时代中国特色社会主义思想的重要内容，也是新时代办好社会主义大学的根本使命和目标要求。因此，对这一重大命题开展理论研究和实践探索具有十分重要的意义。

　　开展"培养担当民族复兴大任的时代新人"研究是深入学习研究阐释习近平新时代中国特色社会主义思想的必然要求。习近平总书记强调，推进理论的体系化学理化，是理论创新的内在要求和重要途径。"培养担当民族复兴大任的时代新人"是习近平总书记关于教育的重要论述。党的十八大以来，习近平总书记围绕时代新人的培养问题作出一系列富有创见的重要论述。深入学习与研究习近平总书记关于培养担当民族复兴大任的时代新人的重要论述，科学把握其逻辑脉络和精髓要义，对于新形势下进一步做好青年培养工作、落实高校立德树人根本任务提供了科学指导与现实遵循，对实现中华民族伟大复兴具有重要的战略意义。

开展"培养担当民族复兴大任的时代新人"研究是丰富和发展中国化时代化的马克思主义人才观、青年观的必然要求。列宁指出，"应当使青年获得基本知识，使他们自己能够培养共产主义的观点，应该把他们培养成有学识的人"①，以培养真正的共产主义者。"培养担当民族复兴大任的时代新人"是习近平总书记关于做好新时代人才工作的重要思想、习近平总书记关于青年工作的重要思想的集中体现，也是马克思主义人才观、青年观中国化时代化的最新成果。这一思想紧密结合新时代特征，与马克思主义关于人的自由全面发展思想和最终方向保持高度一致，将有助于丰富马克思主义人才理论的基本内涵。

开展"培养担当民族复兴大任的时代新人"研究是探索回答"中国特色社会主义事业接班人"时代之问的必然要求。习近平总书记指出："如果青年一代不能坚定理想信念，不能坚持中国特色社会主义，不能接好我们的班，那无数革命先辈换来的成就就可能付之东流！"②"培养担当民族复兴大任的时代新人"，正是我们党站在后继有人的高度，对"中国特色社会主义事业接班人"时代之问的回答。本书聚焦新时代的历史新方位，研究培养中国特色社会主义合格建设者和接班人的时代新要求、"担当民族复兴大任的时代新人"的重大意义和丰富内涵，求解"中国特色社会主义事业接班人"时代之问。

开展"培养担当民族复兴大任的时代新人"研究是深化高校思想政治教育研究与实践的必然要求。2023年5月29日，习近平总书记在中共中央政治局第五次集体学习时强调，要坚持把高质量发展作为各级各类教育的生

---

① 《列宁选集》第4卷，人民出版社2012年版，第293页。
② 习近平：《论党的青年工作》，中央文献出版社2022年版，第155页。

命线，加快建设高质量教育体系。这为构建高校高质量思想政治工作体系提出了更高要求。高校思想政治教育研究应及时回应高等教育高质量发展的新需求，适应高校思想政治教育工作发展的新形势，推进高校思想政治教育改革创新。培养担当民族复兴大任的时代新人是对青年学生的世界观、人生观、价值观进行全方位的教育、影响和改造。从思想政治教育学科视角研究时代新人培养，必须系统梳理时代新人培养的历史逻辑、理论逻辑和实践逻辑，厘清时代新人培养的逻辑理路，明确创新时代新人培养的高校使命。

本书的着眼点在于厘清时代新人的逻辑进路和科学内涵。中华民族自古就重视人才，尊重人才，培养人才。从诸子百家到近代学人，从文人墨客到帝王将相，如何识才、选才、育才、任才，是贯穿中华民族文明史的永恒问题。中国共产党自成立以来，始终把培养一代新人作为重要任务，先后提出培养"无产阶级革命新人"、"社会主义新人"、"'四有'新人"和"时代新人"等人才培养目标，并开展了大量卓有成效的实践。党的十九大以来，习近平总书记多次就"培养担当民族复兴大任的时代新人"进行强调和部署。他指出，我们建设教育强国的目的，就是培养一代又一代德智体美劳全面发展的社会主义建设者和接班人，培养一代又一代在社会主义现代化建设中可堪大用、能担重任的栋梁之才，确保党的事业和社会主义现代化强国建设后继有人。"培养担当民族复兴大任的时代新人"的提出有着深厚的理论逻辑、历史逻辑和实践逻辑，是对马克思主义关于培养共产主义新人理论和马克思主义人的全面发展理论的继承、丰富和发展，是对中国共产党培养"新人"的宝贵实践经验的理论升华。时代新人是一个有着很强的扩容性和适用性的复合概念。它既是培育和践行社会主义核心价值观的着力点，也是中国特色社会主义新时代党的育人目标和人才培养理念的集中诠释和表达；既是当代中国青年应该追求的一种理想人格，也是青年成长成才的奋斗目标和新时代一流大学的办学目标。

时代新人之"新"包含三个层面：一是立足新时代。时代新人产生于中国特色社会主义新时代的时空领域，新时代是承前启后、继往开来、在新的历史条件下继续夺取中国特色社会主义伟大胜利的时代，是决胜全面建成小康社会、进而全面建设社会主义现代化国家的时代，是全国各族人民团结奋斗、不断创造美好生活、逐步实现全体人民共同富裕的时代，是全体中华儿女勠力同心、奋力实现中华民族伟大复兴中国梦的时代，是我国不断为人类作出更大贡献的时代。二是体现新思想。时代新人拥有与其他时代"新人"不同的素质构成与精神状态，是在习近平新时代中国特色社会主义思想指导下，中国化时代化的马克思主义人才观、青年观的最新体现。三是担当新使命。时代新人作为中国特色社会主义事业进入新时代后的实践主体，承担着中华民族伟大复兴的历史使命。

因此，必须将时代新人内涵的把握放置在中国特色社会主义新时代这个历史坐标和时代背景中考察。时代新人是我们党在新时代育人目标的新表述和新概括。培养担当民族复兴大任的时代新人，就是要培养用先进思想武装起来的，具有坚定的理想信念和较高的思想觉悟、道德水准、文明素养的中国特色社会主义事业建设者和可靠接班人，培养走在中国特色社会主义新时代的前列，具有坚定、自信、奋进、担当的精神状态，能够担当中华民族伟大复兴历史重任的奋进者、开拓者、奉献者。

本书的关键点在于把握时代新人的主体及其特点。时代新人应该是充满活力、充满希望、具有创造性的新生力量。青年是勇担民族复兴重任的生力军，是社会主义建设者和接班人。全面建成小康社会，实现中华民族伟大复兴的中国梦必须依靠广大青年。因此，时代新人的主体应是最朝气蓬勃、最富有活力、最具有创造性，走在时代前列，承担时代使命，具备时代精神的广大青年群体。

具体来说，本书的时代新人主体聚焦"00后"青年群体。他们是当前大学生的主体。"00后"大学生思想观念开放，出生于我国改革开放向纵深推进的发展时期，成长于我国全面建设小康社会的发展阶段，见证了国家全面建成小康社会和开启全面建设社会主义现代化强国新征程的伟大时刻。他们从出生开始就生活在世界多极化、全球化、信息化、国际化的浪潮中，各种思想文化交流交锋交融，这在很大程度上使"00后"大学生形成了视野开阔、思想开放、思维活跃、求新求变的思想行为特点。

"00后"大学生自我意识强，人生理想更趋务实，对于个人价值的实现更加关注，更加看重个人权益的维护。

整体上来说，"00后"大学生群体个性鲜明，自信阳光，积极活泼，乐于倾诉和分享，喜欢探索和接受新鲜事物，积极参加各种社会实践和社团活动。但是，少数"00后"大学生心理较为脆弱，耐挫抗压能力不强。

"00后"大学生被称为"互联网原住民"，他们的学习生活网络化尤为明显。学习生活的网络化，既给"00后"大学生带来了学习生活的便利和福利，同样也给他们的成长发展带来了一些不容忽视的负面影响，如过于碎片化、快餐化、浅层次的网络学习，不利于对系统理论知识的深入理解和实操技能的熟练掌握。

可以说，"00后"身处全面建设社会主义现代化国家，并向全面建成富强民主文明和谐美丽的社会主义现代化强国迈进的伟大时代。中国特色社会主义新时代为广大青年提供了广阔的发展空间，在认清时代使命的基础上拥抱新时代，在担负时代使命的过程中建功新时代，这是新时代青年成长成才的必由之路，也是青年群体作为中华民族伟大复兴主体力量、见证者和受益者的人生际遇。只有准确把握主体特点，才能全面加强群体引导、分类指导和个性化教导，才能提升教育的针对性实效性，不断促进大学生德智体美劳全面发展，使他们成为担当民族复兴大任的时代新人。

本书的重点在于阐明时代新人培养的高校使命与担当。建设教育强国，龙头是高等教育。习近平总书记强调，"我国高等教育发展方向要同我国发展的现实目标和未来方向紧密联系在一起，为人民服务，为中国共产党治国理政服务，为巩固和发展中国特色社会主义制度服务，为改革开放和社会主义现代化建设服务"①。欲新一国者，必先新一国之民。培养担当民族复兴

---

① 《习近平谈治国理政》第二卷，外文出版社 2017 年版，第 376—377 页。

大任的时代新人，是高校回答时代之问、探寻大学之道、履行教育之责的使命所在。高等学校要始终坚持正确的政治方向，深刻理解坚持党对教育事业的全面领导的根本要求，牢记为党育人、为国育才使命，全面贯彻党的教育方针，落实立德树人根本任务，不断深化体制机制改革，着力强化教师队伍建设，加快构建人才培养体系，以新发展格局引领教育高质量发展，以教育高质量发展服务国家经济社会发展大局。

不断深化时代新人培养的体制机制。深化办学体制和教育管理改革，改变教育评估上存在的简单化、"一刀切"做法，坚决克服唯分数、唯升学、唯文凭、唯论文、唯帽子的顽瘴痼疾，建立健全学科专业动态调整机制，优化师生评价考核体系，解决好评价、督导、激励等环节存在的问题。发挥资源整合、多头并进、协同育人的优势，统筹不同教育主体形成"大思政"育人格局，实现思政课程和课程思政的同向同行，形成以思政课、选修课、专业课等由内而外、层层递进、逐步拓展的"大思政"教育体系。

加快构建时代新人培养的人才培养体系。在育人内容方面，努力构建"德智体美劳全面培养"的教育体系，形成高水平、高质量的人才培养体系。在育人途径方面，努力构建"全员、全过程、全方位"的教育体系，实现"人人皆是育人主体、时时皆是育人契机、处处皆是育人场所"的目标。在育人范围方面，努力构建家庭、学校、政府、社会协同合力的教育体系。在育人方法方面，更加强调知识传授、能力培养与价值塑造的并重，更加鼓励授课方式与教学方法的创新，更加关注人才培养、社会需求与学校办学特色的紧密结合。

着力强化时代新人培养的教师队伍建设。推进理论学习系统化、常态化，引导教师带头践行社会主义核心价值观，并将其融入教育教学全过程。制定教师职业行为负面清单，建立师德失范曝光平台，健全师德违规通报制度，探索构建由政府、学校、教师、学生、家长和社会广泛参与的师德监督体系。发掘师德师风典型，运用授予荣誉、事迹报告、媒体宣传等手段，发挥典型引领和辐射带动作用。建立科学化、规范化的内部考核评价激励机制，不断完善评价内容、评价方法及评价程序，引导广大教师坚守育人初心、提高教学水平。

深入抓好"时代新人"培养的重点工作。2018 年，习近平总书记在全国教育大会上强调，要在坚定理想信念上下功夫，要在厚植爱国主义情怀上下功夫，要在加强品德修养上下功夫，要在增长知识见识上下功夫，要在培养奋斗精神上下功夫，要在增强综合素质上下功夫。这"六个下功夫"为高校做好新时代人才培养工作指明了方向，也是时代新人培养的重点工作。要从理想信念、爱国情怀、品德修养、知识见识、奋斗精神和综合素质的内涵价值和路径角度入手，系统推进时代新人培养重点领域和工作。

习近平总书记在党的十九大报告中指出，"要以培养担当民族复兴大任的时代新人为着眼点，强化教育引导、实践养成、制度保障"①。2018 年，在全国宣传思想工作会议上，习近平总书记强调，"育新人，就是要坚持立德树人、以文化人，建设社会主义精神文明、培育和践行社会主义核心价值观，提高人民思想觉悟、道德水准、文明素养，培养能够担当民族复兴大任的时代新人"②。党的二十大报告指出："弘扬以伟大建党精神为源头的中国共产党人精神谱系，用好红色资源，深入开展社会主义核心价值观宣传教育，深化爱国主义、集体主义、社会主义教育，着力培养担当民族复兴大任的时代新人。"③

党的十九大以来，在习近平新时代中国特色社会主义思想指导下，高校积极探索培养担当民族复兴大任的时代新人的实践路径，持续强化教育引导、实践养成、制度保障，开展了大量鲜活的实践活动，积累了丰富的实践

---

① 习近平：《决胜全面建成小康社会　夺取新时代中国特色社会主义伟大胜利——在中国共产党第十九次全国代表大会上的报告》，人民出版社 2017 年版，第 42 页。
② 《习近平著作选读》第二卷，人民出版社 2023 年版，第 193—194 页。
③ 《习近平著作选读》第一卷，人民出版社 2023 年版，第 36 页。

经验，形成了一批有意义有价值可推广的实践案例。

以华中师范大学为例，学校大力推进思想政治工作的"合"，以实施"1+5个一体化"为抓手，进一步强化党委和行政、党内党外、党团、教师思政和学生思政、专业教育和思想教育、第一课堂和第二课堂的协同育人。大力促进信息化与人才培养的"融"，启动深度融合信息技术的高校人才培养体系重构与实践探索，以"数据推动、融合创新"推动数字化助教、数字化助学、数字化助管，为教师教书育人提质增效，为学生创新发展精准赋能，真正形成"三全育人"的格局。大力培育和践行社会主义核心价值观的"统"，学校坚持以精神文明创建为统领，形成一个"统"的文化建设理念、一个"统"的文化活动样态，将精神文明建设统一到培育和践行社会主义核心价值观上来。在本书中，我们收录华中师范大学的部分优秀实践案例，既是对理论研究的诠释，也是对实践探索的总结。

第一章

时代新人培养的基本内涵

2023 年 5 月 29 日，习近平总书记在中共中央政治局第五次集体学习时强调，"培养什么人、怎样培养人、为谁培养人"是教育的根本问题，也是建设教育强国的核心课题。培养担当民族复兴大任的时代新人，是党和国家对中国特色社会主义新时代教育"培养什么人、怎样培养人、为谁培养人"的总体回答。谁是时代新人？谁来培养时代新人？怎样培养时代新人？厘清和界定这些基本问题，是深化时代新人理论研究，推进时代新人培养实践的基础与前提。

第一节　时代新人的内涵

内涵，指概念中所反映对象的特有属性或本质属性。准确把握时代新人培养的内涵，首先要弄清楚时代新人作为培养的对象和客体，其科学内涵是什么。目前，学术界已有专文对时代新人内涵研究进行回顾梳理，本节在此基础上进行探讨。①

---

① 参见陈文旭：《马克思主义视域下的"时代新人"学术研究述评》，《中国青年社会科学》2020 年第 6 期。

一、时代新人的提出

人类推动历史发展的过程，本质上是一个不断建设新社会的过程。人作为社会实践主体，在新社会的变革过程中必然产生道德和知识结构的变化，人"心"转变，形成时代新人。反之，时代新人作用于社会实践，新社会才可能出现。新人与新社会之间是相互催生的，这是历史发展的规律和动力，也是马克思主义的常识。因此，时代新人的提出，既有其历史发展的逻辑必然性，也生成于当代中国的现实基础和实现可能。

"时代新人"作为专有名词，是在党的十九大报告中首次明确提出的。党的十九大庄严宣告中国特色社会主义进入了新时代，面对"培养什么人、怎样培养人、为谁培养人"的时代命题，习近平总书记在党的十九大报告中指出："要以培养担当民族复兴大任的时代新人为着眼点，强化教育引导、实践养成、制度保障，发挥社会主义核心价值观对国民教育、精神文明创建、精神文化产品创作生产传播的引领作用，把社会主义核心价值观融入社会发展各方面，转化为人们的情感认同和行为习惯。"① 有学者认为，尽管时代新人的提法被包含在关于社会主义核心价值观的论述中，并不是十分显眼，但它一出现就立即引起了人们的高度关注和重视。这一提法很快被写入教育主管部门的相关文件中，进入 2018 年新修订的思想政治理论课教材中。②

为了更客观、更全面、更科学地理解时代新人，首先必须认真梳理时代新人提出的背景和语境，特别是要厘清、读懂、悟透习近平总书记关于时代新人的论述。党的十九大报告正式提出"时代新人"概念以来，习近平总书记又在不同场合，针对时代新人发表了一系列重要讲话，丰富了时代新人

① 习近平：《决胜全面建成小康社会　夺取新时代中国特色社会主义伟大胜利——在中国共产党第十九次全国代表大会上的报告》，人民出版社 2017 年版，第 42 页。
② 参见刘建军：《论"时代新人"的科学内涵》，《思想理论教育》2019 年第 2 期。

的论述，完善了时代新人的内涵，明确了时代新人的培养路径。"担当民族复兴大任的时代新人，必须是在思想水平、政治觉悟、道德品质、文化素养、精神状态等方面同新时代要求相符合的社会主义建设者和接班人"①。总的来看，时代新人的内涵，大致可以从以下几个方面来理解。

一是中华民族复兴大任的担当者。早在 2013 年 5 月 4 日，习近平总书记在同各界优秀青年代表座谈时就要求青年要努力使自己成为祖国建设的有用之才、栋梁之材。2021 年 4 月 19 日，习近平总书记在清华大学考察时强调，广大青年要肩负历史使命，坚定前进信心，立大志、明大德、成大才、担大任，努力成为堪当民族复兴重任的时代新人，让青春在为祖国、为民族、为人民、为人类的不懈奋斗中绽放绚丽之花。2022 年 4 月 25 日，习近平总书记在中国人民大学考察时强调，广大青年要争做堪当民族复兴重任的时代新人，在实现中华民族伟大复兴的时代洪流中踔厉奋发、勇毅前进。他指出，立足新时代新征程，中国青年的奋斗目标和前行方向归结到一点，就是坚定不移听党话、跟党走，努力成长为堪当民族复兴重任的时代新人。可以说，担当民族复兴大任是时代新人理应具有的理想信念。

二是走在时代前列的奋进者、开拓者、奉献者。2013 年 5 月 2 日，习近平总书记在给北京大学考古文博学院 2009 级本科团支部全体同学的回信中指出："希望你们珍惜韶华、奋发有为，勇做走在时代前面的奋进者、开拓者、奉献者，努力使自己成为祖国建设的有用人才、栋梁之材，为实现中国梦奉献智慧和力量。"② 2014 年 5 月 4 日，习近平总书记在同北京大学师生座谈时寄语广大青年，"勇做走在时代前列的奋进者、开拓者、奉献者，以执着的信念、优良的品德、丰富的知识、过硬的本领，同全国各族人民一道，担负起历史重任"③。2016 年，习近平总书记在庆祝中国共产党成

---

① 《习近平文化思想学习纲要》，学习出版社、人民出版社 2024 年版，第 54 页。
② 习近平：《论党的青年工作》，中央文献出版社 2022 年版，第 14—15 页。
③ 习近平：《论党的青年工作》，中央文献出版社 2022 年版，第 70 页。

立95周年大会上再次强调，青年要"勇做走在时代前列的奋进者、开拓者、奉献者"①。"奋进者、开拓者、奉献者"对时代新人的精神状态进行了描述，明确了时代新人应"走在时代前列"。

三是社会主义核心价值观的坚定信仰者、积极传播者、模范践行者。在党的十九大报告中，时代新人是作为培育和践行社会主义核心价值观的着眼点提出的。习近平总书记多次将时代新人与社会主义核心价值观联系起来，特别是对青年践行社会主义核心价值观作了明确要求。2022年4月25日，习近平总书记在中国人民大学考察时强调，广大青年要做社会主义核心价值观的坚定信仰者、积极传播者、模范践行者，向英雄学习、向前辈学习、向榜样学习，争做堪当民族复兴重任的时代新人，在实现中华民族伟大复兴的时代洪流中踔厉奋发、勇毅前进。

四是有理想、有本领、有担当的青年一代。党的十八大以来，习近平总书记多次寄语青年要有理想、有担当。党的十九大报告进一步提出青年要有理想、有本领、有担当。"有理想、有本领、有担当"与时代新人同在党的十九大报告中提出，自然而然成了大家对时代新人的一般性认识，成为其重要的内涵之一。除此之外，还有一些类似的品质可以看作"有理想、有本领、有担当"的注解。比如，2018年5月2日，习近平总书记在与北京大学师生座谈时，给广大青年提出四点希望：要爱国，忠于祖国，忠于人民；要励志，立鸿鹄志，做奋斗者；要求真，求真学问，练真本领；要力行，知行合一，做实干家。②再如，2018年，习近平总书记在全国教育大会上对青年提出"六个下功夫"，即在坚定理想信念、厚植爱国主义情怀、加强品德修养、增长知识见识、培养奋斗精神、增强综合素质方面下功夫。在2020年9月22日召开的教育文化卫生体育领域专家代表座谈会上，习近平总书记

---

① 习近平：《在庆祝中国共产党成立95周年大会上的讲话》，《求是》2021年第8期。
② 参见习近平：《在北京大学师生座谈会上的讲话》，人民出版社2018年版，第11—13页。

提出要"培养学生爱国情怀、社会责任感、创新精神、实践能力"①。

五是德智体美劳全面发展的社会主义建设者和接班人。2019 年 3 月 18 日，习近平总书记在学校思想政治理论课教师座谈会上发表重要讲话，在回答"培养什么人、怎样培养人、为谁培养人"问题的基础上，明确提出"努力培养担当民族复兴大任的时代新人，培养德智体美劳全面发展的社会主义建设者和接班人"②。2018 年 9 月 10 日，习近平总书记在全国教育大会上强调，"我们的教育必须把培养社会主义建设者和接班人作为根本任务"③。2020 年 9 月 22 日，习近平总书记在教育文化卫生体育领域专家代表座谈会上指出，要促进学生德智体美劳全面发展，培养学生爱国情怀、社会责任感、创新精神、实践能力。德智体美劳全面发展主要指人的综合素质，即时代新人应是全面发展的人。

从党的十九大报告提出"培养担当民族复兴大任的时代新人"，到全国宣传思想工作会议提出育新人，再到全国教育大会要求塑造新人。习近平总书记关于时代新人的论述，从新时代坚持和发展中国特色社会主义的战略高度，就培养什么人问题作出理论概括和行动部署，明确了培养时代新人的基本内涵、主体构成、目标方向、培养路径等关键问题，是对中国共产党既往人才培养目标的继承和发展，为新时代培养什么人提出了明确的目标和方向。可以说，时代新人的提出是中国共产党对建设中国特色社会主义新的认识突破与理论升华，是新时代中国特色社会主义伟大实践的一次重要推进与创新，④ 为党和国家在新的历史条件下进一步弘扬社会主义核心价值观提供了着眼点和总抓手，对新时代党的教育工作具有重要的指引意义。

---

① 习近平：《在教育文化卫生体育领域专家代表座谈会上的讲话》，人民出版社 2020 年版，第 3 页。

② 习近平：《论党的青年工作》，中央文献出版社 2022 年版，第 186 页。

③ 习近平：《论党的青年工作》，中央文献出版社 2022 年版，第 170 页。

④ 参见韩震、王临霞：《以社会主义核心价值观培育时代新人的历史演进与现实路径》，《东北师大学报（哲学社会科学版）》2019 年第 3 期。

二、时代新人的内涵

近年来，学术界关于时代新人的研究成果丰硕，但仍处于理论探讨的初级阶段。有学者认为，时代新人是基于主体所处的具体时代而呈现出的与其他时代不同的人才培养目标，是被赋予特殊历史使命、肩负推进社会发展任务的社会主体应当具有的综合素质的反映。[①] 有学者认为，时代新人是一个历史性范畴，是我国实行改革开放、建设中国式现代化并取得伟大成就的受益者，也是我国继续全面深化改革、建成社会主义现代化强国的推动者。[②] 从上述引证中可以看出，对时代新人的界定甚多。导致这种情况出现的主要原因是对时代新人概念认识存在误区：一是对时代新人的内涵不明，把时代新人等同于社会主义建设者和接班人等其他培养目标。二是对时代新人的外延把握不准，特别是对时代新人的主体界定不够明确。三是对时代新人的历史生成了解不够，没有动态看待时代新人的内涵。

首先，我们要明确"新人"是什么？在《辞海》中，"新人"的释义为"具有新道德风貌的人"。《汉语大辞典》释义为"具有新的道德品质的人"。在中国文学描述中，"新人"指感受时代风气之先的人，是他所在时代的先进人物，是具有新思想、新品质的人物。[③] 有学者指出，"新人"就是具有他所处的那个时代的先进思想、能够站在时代潮流的前列、反映时代的要求、体现了时代前进趋势的先进人物。[④] "时代"一般释义为"历史上以经济、政治、文化等状况为依据而划分的某个时期"。

[①] 参见张国启、汪丹丹：《担当民族复兴大任的时代新人的逻辑内涵与培养理路》，《思想理论教育》2018 年第 12 期。

[②] 参见冯刚、徐先艳：《时代新人的生成逻辑、基本特征和培育路径》，《教学与研究》2022 年第 4 期。

[③] 参见寇鹏程：《百年"新人"形象的流变与文学的先进性》，《贵州社会科学》2022 年第 4 期。

[④] 参见缪俊杰：《关于塑造社会主义新人形象的几个问题》，载李庚、许觉民主编：《中国新文艺大系：1976—1982 理论一集》下卷，中国文联出版公司 1986 年版，第 357 页。

　　从字面意思来理解，时代新人指生活在某个社会发展阶段、具有时代需要的道德风貌的人，是特定历史阶段的人才培养目标与社会发展对人才素质的客观需求。从词组组成来看，"担当民族复兴大任"是时代新人的定语，前者是后者的直接阐释和内涵界定。离开了担当民族复兴大任，就谈不上是时代新人。甚至可以说，时代新人就是民族复兴大任的担当者，这是对时代新人最直接、最切近的内涵界定。①

　　当然，理解时代新人的概念不能仅从字面意思来看。时代新人是一个有着很强扩容性和适用性的复合概念，它既是培育和践行社会主义核心价值观的着力点，也是中国特色社会主义新时代党的育人目标和人才培养理念的集中诠释和表达。它既是当代中国人应该追求的一种理想人格，也是青年成长成才的奋斗目标和新时代高校的办学目标。因此，既不能将时代新人局限在教育界域，窄化时代新人的研究视域；也不能将时代新人直接等同于"社会主义的建设者和接班人"等教育目标，简化时代新人的理论内涵。

　　综合学术界的研究，笔者认为，必须将时代新人内涵的建构放置在中国特色社会主义新时代这个历史坐标和时代背景中考察。时代新人是我们党在新时代育人目标的新表述和新概括，是在中国特色社会主义新时代的历史阶段，以担当中华民族复兴大任为己任，以全面建成社会主义现代化强国为奋斗目标，以成长为中国特色社会主义事业的建设者和接班人为价值目标，积极投身新时代中国特色社会主义伟大实践的主体力量和新兴力量。

　　有学者认为，时代新人不仅应新在"表"、新在"面"，有着丰富的知识储备、昂扬的精神风貌；更为重要的是新在"里"、新在"魂"，有着端正的思想观念、强烈的责任担当。② 也有学者认为，时代新人具有强烈的时代意蕴，新就要有"新样子"，必须是在思想水平、政治觉悟、道德品质、

---

① 参见刘建军：《论"时代新人"的科学内涵》，《思想理论教育》2019 年第 2 期。
② 参见沈壮海、刘灿：《实施"时代新人铸魂工程"的现实背景、重要意义及关键点位》，《中国高等教育》2023 年第 10 期。

文化素养、精神状态等方面同时代要求相符合。① 笔者以为，时代新人之"新"应包含三个层面：一是时空之新，时代新人产生于中国特色社会主义新时代的时空领域，新时代是距离中华民族伟大复兴目标最近的一个时代，是继续夺取中国特色社会主义伟大胜利，进而全面建成社会主义现代化强国的时代，是全国各族人民团结奋斗、不断创造美好生活、逐步实现全体人民共同富裕的时代，是全体中华儿女勠力同心、奋力实现中华民族伟大复兴中国梦的时代。二是内涵之新，时代新人拥有与其他时代"新人"不同的素质构成与精神状态，在专业化、知识化方面代表着最先进的生产力。三是使命之新，时代新人作为中国特色社会主义事业进入新阶段后的实践主体，承担着实现中华民族伟大复兴的历史使命。②

目前，学术界还存在"担当民族复兴大任的时代新人""社会主义建设者和接班人"交替使用的现象，有的直接将时代新人等同于"社会主义建设者和接班人"。实际上，这两者之间不能简单等同，还是有区分的。时代新人是中国特色社会主义新时代党和国家对人才培养目标的新定位，是社会主义建设者和接班人在新时代的阶段性表达，具有历史性；而社会主义建设者和接班人是我们党和国家教育事业的终极目标，具有普遍性，二者是特殊性与普遍性的关系，相互蕴含，彼此作用。③ 与此同时，我们也应认识到，"时代新人"这一概念具有理论扩展和深化的潜质，必然会经历一个从狭义到广义、从特殊到一般的概念演化过程。随着时代的发展变化，"时代新人"的概念也会得到扩容，从这样的意义上说，时代新人从意指中国特色社会主义新时代的"新人"，也会逐步拓展为我们党和国家事业将经历的下一个新时代或新时期。

――――――――――

① 参见彭丽：《"培养担当民族复兴大任的时代新人"的科学逻辑》，《中国高等教育》2022 年第 22 期。

② 参见冯淑萍：《时代新人的基本特质及其培养的着力点》，《思想教育研究》2019 年第 3 期。

③ 参见陈文旭：《"时代新人"的培养与使命》，《石河子大学学报（哲学社会科学版）》2018 年第 6 期。

三、时代新人的主体

主体，指事物的主要部分。时代新人的主体究竟是谁，如何来判定，是否有明确的标准或依据，是培养时代新人首先要明确的问题。只有明确了主体，即培养对象，才能因材施教，进一步研究时代新人的特质以及如何培养的问题。关于时代新人的主体，学术界有不同看法，主要是从年龄、身份、阶层等三个维度进行构成分析。

第一种观点是"青年群体论"。这是学术界的主流观点，有学者明确指出，时代新人的主体不是所有的人，而是那些价值观和人生观尚在形成中的青少年，并非所有人。① 青少年群体处于人生的"拔节孕穗期"，价值观和人生观尚未成熟，不仅是当下社会主义建设的主体承担者、担当民族复兴大任的生力军，更是社会主义事业未来的接班人。

第二种观点是"有机整体论"。部分学者认为每一个中国人都肩负着实现中华民族伟大复兴中国梦的责任使命，都是时代新人的组成部分。时代新人是一个有机整体，包括各级各类机构、个体、群体等所有社会主体，"是涵盖全党全社会的集合概念，也是涵盖党员、公民的个体概念，是一个全方位、全覆盖的立体化、系统化概念"②。

第三种观点是"实践主体论"。该观点认为时代新人是"具有历史感、时代感和类特征的实践主体，是一种通过实践活动不断超越自身的自由自觉的人，是一种统观历史、面向未来、创造自己生活的人"，有志为实现中华民族伟大复兴作出贡献的任何人都可能成为时代新人的主体，没有身份、阶

---

① 参见龚鉴瑛：《时代新人及其培育：主体、主要内涵及培育着力点——基于道德荣誉感的视角》，《探索》2018 年第 6 期。

② 董俊山：《大力培养和造就一代又一代"担当民族复兴大任的时代新人"》，《出版参考》2018 年第 1 期。

层、年龄、岗位等的分别。①

笔者认为，新人的主体明确指向青年群体。时代新人应该是充满活力、充满希望，具有创造性的新生力量。青年是勇担民族复兴重任的生力军，是社会主义建设者和接班人，全面建成社会主义现代化强国、实现中华民族伟大复兴的中国梦必须依靠广大青年。因此，综上所述，时代新人的主体应是最朝气蓬勃、最富有活力、最具有创造性，走在时代前列，承担时代使命，具备时代精神的广大青年群体。

其一，从我们党培养新人的历史轨迹来看，新人的主体其实一直聚焦于青年群体。事实上，在近代以来关于新人的论述中，新人以无产阶级、广大劳动人民为主体，而不限于少数先知先党的知识分子。② 在新民主主义革命时期，毛泽东同志认为青年虽然在革命中发挥了先锋队的作用，但"还不是主力军。主力军是谁呢？就是工农大众"③。在社会主义革命和建设时期，邓小平同志指出当前需要有本事、能为国家建设做事的人。随着社会主义建设的推进，党和国家已经认识到青年的重要作用，指出"实现国家工业化和逐步地由新民主主义过渡到社会主义的这个历史任务，主要依靠新中国的年轻一代来完成"④。邓小平同志也认为"中国青年不但一定能够亲眼看到社会主义社会的建成，而且还要把社会主义社会进一步推向到共产主义社会"⑤。引导青年加强文化科学知识的学习，成为此一阶段培养社会主义新人最重要的任务。改革开放初期，邓小平同志提出"青年一代的成长，正是我们事业必定要兴旺发达的希望所在"⑥。

---

① 参见张鲲：《新时代"时代新人"之主体性建构》，《思想教育研究》2018 年第 10 期。

② 参见韩秋红：《深刻把脉时代新人的历史进程与精神传承》，《东北师大学报（哲学社会科学版）》2019 年第 3 期。

③ 《毛泽东选集》第二卷，人民出版社 1991 年版，第 565 页。

④ 《建国以来重要文献选编》第四册，中央文献出版社 1993 年版，第 491 页。

⑤ 《毛泽东 邓小平 江泽民论青少年和青少年工作》，中央文献出版社、中国青年出版社 2000 年版，第 128 页。

⑥ 《邓小平文选》第二卷，人民出版社 1994 年版，第 95 页。

其二，从青年与国家前途和民族命运关系来看，"时代总是把历史责任赋予青年"①。青年蕴含着推动时代发展和社会进步的强劲力量。青年个人的命运与国家、社会和时代最密切相连。青年的理想信念、精神状态、综合素质，是一个国家发展活力的重要体现，是一个国家核心竞争力的重要因素。马克思认为，青年是推动社会进步的生力军，是无产阶级的新鲜血液，是社会主义事业的接续奋斗者，青年的发展与整个社会的发展进步密不可分。他指出，"工人阶级中比较先进的那部分人则完全懂得，他们阶级的未来，因而也是人类的未来，完全取决于新一代工人的成长"②。列宁指出，"没有年轻一代的教育和生产劳动的结合，未来社会的理想是不能想象的"③。习近平总书记指出："无论过去、现在还是未来，中国青年始终是实现中华民族伟大复兴的先锋力量！"④ "青年是标志时代的最灵敏的晴雨表，时代的责任赋予青年，时代的光荣属于青年。"⑤ "青年一代有理想、有本领、有担当，国家就有前途，民族就有希望。"⑥ "中华民族伟大复兴的中国梦终将在一代代青年的接力奋斗中变为现实。"⑦ 可以说，当今世界，青年是走在时代最前面的群体，是时代的开路先锋，也是实现中华民族伟大复兴的主体力量。

其三，从青年成长与社会历史发展的关系来看，青年群体将完整经历、参与和投身实现新时代目标的伟大进程。改革开放以后出生的一代青年人，也就是"80后""90后"，特别是"00后"，到2035年我国基本实现社会主义现代化之际，这一代青年人刚好处于盛年；到2050年我国全面建成富强民主文明和谐美丽的社会主义现代化强国的时候，他们的年纪在50岁左

---

① 习近平：《在庆祝中国共产主义青年团成立100周年大会上的讲话》，人民出版社2022年版，第7页。

② 《马克思恩格斯全集》第21卷，人民出版社2003年版，第270页。

③ 《列宁全集》第2卷，人民出版社2013年版，第463页。

④ 习近平：《在纪念五四运动100周年大会上的讲话》，人民出版社2019年版，第5页。

⑤ 《习近平谈治国理政》第一卷，外文出版社2018年版，第167页。

⑥ 《习近平著作选读》第二卷，人民出版社2023年版，第57页。

⑦ 《习近平著作选读》第二卷，人民出版社2023年版，第57页。

右，是国家的中坚力量。可以说，青年的人生黄金期与新时代中华民族伟大复兴的历史进程完全吻合，"新"青年身处我国基本实现社会主义现代化乃至全面建成富强民主文明和谐美丽的社会主义现代化强国的伟大时代，中国特色社会主义新时代为广大青年提供了广阔的发展空间。在认清时代使命的基础上拥抱新时代，在担负时代使命的过程中建功新时代，这是新时代青年成长成才的必由之路，也是青年群体作为中华民族伟大复兴主体力量、见证者和受益者的人生际遇。

其四，从青年的道德品质与时代新人的内涵匹配来看，青年群体是最具时代精神、最勇于担当使命的群体。习近平总书记指出，青年是社会上最富活力、最具创造性的群体，理应走在创新创造前列。他将中华民族伟大复兴中国梦的实现，寄托在青年群体身上，"我衷心希望每一个青年都成为社会主义建设者和接班人"①。"我们要全面建成小康社会，进而建成富强民主文明和谐的社会主义现代化国家，实现中华民族伟大复兴，必须依靠知识，必须依靠劳动，必须依靠广大青年。"②"实现中国梦是一场历史接力赛，当代青年要在实现民族复兴的赛道上奋勇争先。"③"国家的前途，民族的命运，人民的幸福，是当代中国青年必须和必将承担的重任。"④ 2020 年，新冠疫情暴发后，广大青年挺身而出，积极投身抗疫斗争，体现了青年担当。习近平总书记在全国抗击新冠肺炎疫情表彰大会上指出，青年一代的突出表现令人欣慰、令人感动，他说："青年一代不怕苦、不畏难、不惧牺牲，用臂膀扛起如山的责任，展现出青春激昂的风采，展现出中华民族的希望！"⑤总体看来，新时代中国青年积极主动学理论、学文化、学科学、学技能，思想素养、身体素质、精神品格、综合能力不断提升，正如习近平总书记

① 习近平：《论党的青年工作》，中央文献出版社 2022 年版，第 147 页。
② 习近平：《论坚持人民当家作主》，中央文献出版社 2021 年版，第 153 页。
③《习近平谈治国理政》第四卷，外文出版社 2022 年版，第 273 页。
④《习近平关于青少年和共青团工作论述摘编》，中央文献出版社 2017 年版，第 6 页。
⑤ 习近平：《在全国抗击新冠肺炎疫情表彰大会上的讲话》，人民出版社 2020 年版，第 11—12 页。

所强调的："广大青年用行动证明，新时代的中国青年是好样的，是堪当大任的!"①

第二节　时代新人的共同特质

特质指异于其他众物的性质。美国心理学家奥尔波特认为，特质是决定个体行为的基本特性，是人格的有效组成元素，也是测评人格常用的基本单位。他将人格特质分为共同特质和个人特质，共同特质是在同一文化形态下的群体所共同具有的特质，它是在共同的生活方式下形成的。②

不同历史时期的新人，其特质是建立在不同时期的社会性格基础之上。我们党培养的新人，在特质表征上呈现出阶段性的特点：第一阶段是社会主义觉悟的形成，突出对人的政治素养的培育。在新民主主义革命时期、社会主义革命和建设时期，对新人进行革命的、辩证唯物主义和历史唯物主义的世界观和人生观教育被放在首要地位。凡是符合社会主义思想体系的，都可被称为社会主义新人。第二阶段是更加完善的道德品质和文化素养，特别是在改革开放初期，新人既要有对马克思主义和社会主义的信心信念、社会主义觉悟，又要有文化科学知识和实际操作技能，更要通过体育和劳动教育成为既有健全的头脑又有坚强体魄的新型的劳动者。第三阶段是植根民族、面向未来的全面发展人才。随着人类知识领域的空前扩大，各门科学迅猛发展，世界的无限性和物质性要求一代新人既要掌握现代文化、科学和技术，在德智体美劳方面全面发展，又要求新人拥有科学的关于世界和社会的哲学观和世界观，并立志为中华民族伟大复兴而奋斗。

---

① 习近平：《论党的青年工作》，中央文献出版社 2022 年版，第 225 页。
② 参见麻彦坤：《奥尔波特人格理论述评》，《心理学探新》1989 年第 3 期。

　　时代新人的共同特质指时代新人特有的基本品质、全面的能力素质和稳定的精神状态。① 明确时代新人的共同特质，是培养时代新人的基础和前提，关系到育人目标和育人方向问题。只有了解时代新人的共同特质，才能有的放矢，提升培养效果。目前，结合习近平总书记关于青年工作的重要思想、关于教育的重要论述以及对人才培养的要求，广大学者对时代新人的特质进行了非常丰富的研究。虽然学术界对时代新人的共同特质尚未完全达成共识，但总体来看，绝大多数学者认为主要应从政治道德素养和科学文化素养上对时代新人的素养结构进行规范②，并将党的十九大报告对青年提出的"有理想、有本领、有担当"作为时代新人的评判标准③，并将深厚的爱国情怀、崇高的道德品质、强烈的责任担当和敏锐的创新精神等作为时代新人的主要特质④，并强调时代新人的创新之处及独特意义在于它提出和强调了人的精神状态，这是以往的育人目标所忽视的。结合相关研究来看，对时代新人共同特质的把握还需要进一步作理论上的概括和提炼。笔者认为，时代新人的特质必须综合理想信念、精神状态、综合素质等方面，可从先进性、时代性、人民性、实践性四个维度来认识。

一、先进性

　　我们党是一个先进的政党，先进性是中国共产党的品质特征中最为核心、起着决定性作用的品质之一。由于有先进性，中国共产党才成为一个具

----

① 参见冯淑萍：《时代新人的基本特质及其培养的着力点》，《思想教育研究》2019 年第3 期。

② 参见朱娅琴、孙迎光：《中国共产党时代新人观的历史演进与现实发展》，《学术探索》2022 年第 11 期。

③ 参见张青卫：《"三有"时代新人标准的内在逻辑和重大意义》，《重庆社会科学》2020 年第 8 期；王宝鑫、段妍：《论培养"时代新人"的精神实质》，《思想理论教育导刊》2018 年第 11 期。

④ 参见冯刚、王莹：《习近平总书记关于时代新人重要论述的基本内涵与时代特征》，《湖南大学学报（社会科学版）》2021 年第 1 期。

有号召力并能够担负起民族历史使命的政党。培养一代又一代先进的社会主义建设者和接班人，是党保持其先进性的重要手段。反之，作为党培养出来的一代新人，不管是"四有"新人，还是时代新人，新人的本质指向人类未来的前景目标，他们的共同特征之一无疑是先进性。

（一）拥有先进思想

伟大时代产生伟大思想，伟大思想培育时代新人。马克思主义认为，先进的思想文化一旦被群众掌握，就会转化为强大的物质力量；反之，落后的、错误的观念如果不破除，就会成为社会发展进步的桎梏。我们党历来重视用先进思想来武装人民，培养了一批又一批在革命、建设和改革进程中源源不断为党和国家事业作贡献的中坚力量，确保社会主义建设事业后继有人。习近平总书记指出："理论上清醒，政治上才能坚定。坚定的理想信念，必须建立在对马克思主义的深刻理解之上，建立在对历史规律的深刻把握之上。"① 因此，先进的思想基础是时代新人承担历史使命的思想保证和强大精神力量。

对时代新人来说，这个先进思想是什么？第一个就是马克思主义的真理。时代新人首先必须是马克思主义的信仰者。心中有坚定信仰，脚下才能有无限力量。20世纪30年代，美国记者埃德加·斯诺在陕甘宁边区发现了一种"独特的力量"，他惊叹"那种精神，那种力量，那种欲望，那种热情……是人类历史本身的丰富而灿烂的精华"。这种力量就是对马克思主义的信仰。习近平总书记指出，"新时代，中国共产党人仍然要学习马克思，学习和实践马克思主义，不断从中汲取科学智慧和理论力量"②。时代新人要想在时代的洪流中担负起民族复兴的重任，离不开科学的理论指导，必须用马克思主义中国化时代化最新成果武装头脑，不断提高马克思主义思想觉

① 习近平：《在庆祝中国共产党成立95周年大会上的讲话》，《求是》2021年第8期。
② 《习近平著作选读》第二卷，人民出版社2023年版，第161页。

悟和理论水平，深刻领悟马克思主义的真谛，保持为共产主义远大理想和中国特色社会主义共同理想而奋斗的信念和信心，成为坚定的青年马克思主义者。第二个就是习近平新时代中国特色社会主义思想。习近平新时代中国特色社会主义思想是全党全国人民为实现中华民族伟大复兴而奋斗的行动指南，是当代中国马克思主义、二十一世纪马克思主义，是中华文化和中国精神的时代精华，实现了马克思主义中国化时代化新的飞跃。时代新人要用习近平新时代中国特色社会主义思想的世界观和方法论观察时代、把握时代、引领时代，以更宽广的视野、更长远的眼光来思考把握未来发展面临的一系列重大问题，不断提高运用习近平新时代中国特色社会主义思想的立场观点方法分析和解决实际问题的能力，不断提高运用科学理论指导自己应对重大挑战、抵御重大风险、克服重大阻力、解决重大矛盾的能力，坚持不懈用党的创新理论最新成果武装头脑、指导实践、推动工作。

（二）具备先进人格

"人格"指人之所以为人的内在规定性，是一个人做人的尊严、价值和品质的总和。从狭义来看，人格可以理解为人的道德人格，也就是品质。任何一种关于人的发展理论，都会对理想的"人"进行画像，即理想人格。虽然这是人的应然状态，与实然状态有所差距，但理想人格是一个国家和社会人才培养的目标。时代新人的内涵随着时代发展会不断丰富，但先进的人格始终应该成为时代新人的基本特质。其实，学术界已经对时代新人的人格进行了诸多讨论，比如有学者认为，时代新人要有完善的人格，包括观念、知识、能力和品质四个要素。[①] 事实上，对时代新人形象的每一种描述，包括"三有""六个下功夫"等，都被认为是时代新人的一种人格表征。

从更深层面来看，这些人格表征其实都是现代化的人的"新"质，即

---

① 参见陈志兴：《时代新人的道德人格建构：价值意蕴、现实境遇与实现路径》，《探索》2019 年第 5 期。

新的觉悟、新的品质、新的风格、新的精神面貌。这种"新"质虽然继承和包容了中华民族传统美德和所谓"君子"人格，但其思想高度是大不相同的，所体现出来的崭新的时代气息是以往的理想人格所不具备的。时代新人的先进人格要求新人必须掌握最先进的科学成果和人类的认识成果，必须具有高尚的道德品质，热爱劳动和创造，大胆提倡整个社会生活中的新生事物，坚定地为实现中国梦而奋斗，在不断自我完善中改造自然和社会。

（三）拥护先进制度

中国特色社会主义制度具有鲜明的中国特色、强大的自我完善能力和明显的制度优势，是保障当代中国不断发展进步的先进制度。习近平总书记强调，"今天，我们党处在这样的历史方位上，摆在我们面前的一项重大历史任务，就是推动中国特色社会主义制度更加成熟更加定型。……后半程，我们的主要历史任务是完善和发展中国特色社会主义制度，为党和国家事业发展、为人民幸福安康、为社会和谐稳定、为国家长治久安提供一整套更完备、更稳定、更管用的制度体系"①。在新的历史起点上，推进中国特色社会主义制度建设和创新，最要紧的就是进一步增强制度自信，深刻认识确立中国特色社会主义制度的理论和实践依据，深刻把握中国特色社会主义制度的理论价值和实践优势，更加坚定走中国特色社会主义道路的信心和决心。

习近平总书记指出，"古今中外，每个国家都是按照自己的政治要求来培养人的"②。时代新人作为我们党培养出来的人才，首先要在政治上拥护党，拥护中国特色社会主义制度，不断增强中国特色社会主义制度自信，这是根本的政治立场。同时，不仅要认同中国特色社会主义制度，还要自觉为坚持和完善中国特色社会主义制度、推进国家治理体系和治理能力现代化注

---

① 习近平：《论坚持人民当家作主》，中央文献出版社 2021 年版，第 63—64 页。
② 习近平：《在北京大学师生座谈会上的讲话》，人民出版社 2018 年版，第 6 页。

入源源不断的青春力量。① 反之，如果缺乏制度自信，甚至对中国特色社会主义的先进制度不认同，那就成不了时代新人，甚至可能成为社会主义破坏者和掘墓人。

（四）掌握先进知识

没有本领，理想就是空想。正如习近平总书记所说，"梦想从学习开始，事业靠本领成就"②。拥有先进思想、具备先进人格和拥护先进制度，解决了时代新人想不想、愿不愿担当民族复兴大任的问题，但如何将这种理想从个人意志转化为有效的行动，还需要掌握先进知识，以及将先进知识转化为实践的能力，否则就不可能担当好民族复兴大任。

实现中华民族伟大复兴是前无古人的伟大事业，必然会遇到错综复杂的问题和挑战，需要各类适应时代需要、有高超本领的人才，比如"拔尖创新人才""大国工匠""卓越工程师"等。特别是当前人类社会处于信息大爆炸和人工智能技术飞速发展的时代，是一个知识快速迭代的时代。作为这样一个时代的"新人"，时代新人首先应具备科学的知识观，要明确在科技极速发展的时代，作为新人我们应该学什么、怎么学，才能跟上时代的变化。要广泛学习人类社会的一切知识，还要结合个人所长，不断提高在自身领域的"专业化、专门化、精细化"，成为行家里手。同时，随着新一轮科技革命和产业变革深入发展，时代新人还要聚焦国际竞争中"卡脖子"技术，在人工智能、集成电路、生命健康、空天科技等驱动发展的新知识上学深一层。其次要掌握科学获取知识的方法，利用好互联网技术、信息技术和人工智能技术等，提升学习效率，在学习中增长知识，在工作中增长才干、练就本领。

---

① 参见北京市习近平新时代中国特色社会主义思想研究中心：《坚定新时代青年的制度自信》，《光明日报》2020年5月8日。
② 习近平：《论党的青年工作》，中央文献出版社2022年版，第161页。

二、时代性

不同时代造就不同的新人，不同新人创造不同的时代。时代新人因新时代而生，与新时代同行。具有鲜明的时代属性，显然是时代新人最重要的特征和鲜明标识，习近平总书记也强调时代新人必须是"在思想水平、政治觉悟、道德品质、文化素养、精神状态等方面同新时代要求相符合的"①。视野的时代性就是指，时代新人的发展除了新时代赋予的历史使命外，还要关注自身对时代发展的要求，实现人与时代的良性互动。这既是人的解放中的一个重要维度，也是时代新人需要具备的重要特质。时代要求和时代使命相辅相成，才能不断促成时代新人的健康发展，② 这种时代性包括三个层面。

（一）具备时代精神

习近平总书记指出，"人无精神则不立，国无精神则不强。精神是一个民族赖以长久生存的灵魂，唯有精神上达到一定的高度，这个民族才能在历史的洪流中屹立不倒、奋勇向前"③。他一直非常重视青年一代的精神状态，反复强调的"勇于担当""时代前列""奋斗精神"等，都是讲的精神状态。

虽然不同历史时期的新人内涵不尽相同，其精神状态也各有不同样态，但新人所体现的信念、思想、感情、道德、情操等，必定焕发出一种时代光彩，这就是时代精神，它是一个民族时代性发展的观念性表达。任何时代的

---

① 习近平：《论党的青年工作》，中央文献出版社 2022 年版，第 166 页。
② 参见魏华：《论"时代新人"的突出特色》，《马克思主义理论学科研究》2019 年第 5 期。
③ 习近平：《在纪念红军长征胜利 80 周年大会上的讲话》，人民出版社 2016 年版，第 9 页。

新人都是所在时代精神的集中体现，是其所在时代的先进人物。① 中国特色社会主义新时代的新人，区别于中国历史上其他时代"新人"的特征，也恰在于他是独属于这个新时代的人。

那么，当代中国的时代精神是什么呢？就是以改革创新为核心的时代精神。特别是进入新时代之后，伴随着时代前进的步伐，以改革开放为核心的时代精神不断跃升到新的境界。② 时代新人就是要响应时代召唤，把时代新知和创新活力内化为自己的核心竞争力，敢于解放思想，敢于求真探索，敢于开拓创新，勇当"时代弄潮儿"，用创新思维解决问题，用创新成果推动发展，用创新视野走向未来。

（二）勇担时代使命

一代人有一代人的使命与责任，不辱使命是一个国家和民族发展的不竭动力，也是历史得以延续的基础。党的十九大报告开篇即言"不忘初心，牢记使命"。"使命"一词在党的十九大、二十大报告中均被多次提到，如"使命呼唤担当，使命引领未来"，"用党的初心使命感召青年"。党的二十大报告在论述新时代新征程中国共产党的使命任务时明确指出，"从现在起，中国共产党的中心任务就是团结带领全国各族人民全面建成社会主义现代化强国、实现第二个百年奋斗目标，以中国式现代化全面推进中华民族伟大复兴"③，这就是党的时代使命。新人的使命责任面向的不仅是个体自我，而是国家、民族乃至整个人类社会，是时代赋予的使命，这也是为什么中华民族从站起来、富起来到强起来的过程中，每逢社会历史转折期或者新时期，新人总会应运而生。那么，在中国特色社会主义新时代，这个时代赋予

---

① 参见寇鹏程：《百年"新人"形象的流变与文学的先进性》，《贵州社会科学》2022年第4期。

② 参见韩震：《论新时代的中国时代精神》，《中国社会科学》2023年第1期。

③ 习近平：《高举中国特色社会主义伟大旗帜　为全面建设社会主义现代化国家而团结奋斗——在中国共产党第二十次全国代表大会上的报告》，人民出版社2022年版，第21页。

先进群体——时代新人的时代使命是什么？

从时代新人的概念来看，时代新人与民族复兴大任的时代使命天然相连、密切相依，"担当民族复兴大任"是时代新人最重大、最紧迫的使命，是判断一个青年是否是时代新人的根本标准。正如习近平总书记在北京大学师生座谈会上的讲话中指出的，每一代青年都有自己的际遇和机缘。当代青年是同新时代共同前进的一代。中华民族伟大复兴的中国梦终将在一代代青年的接力奋斗中变为现实。[①] 这个责任面向的不仅是个体自我，而是国家、民族乃至整个人类社会。时代赋予新人的使命，实质上是新时代人的价值实现目标和途径之间的关系问题，是时代新人素质和精神的外化和表现。即如何引导时代新人把个人的命运同祖国和民族的前途命运紧密联系起来，把责任和担当统一于实现中国梦的实践。

（三）具备世界眼光

"世界"在汉语里面是个外来词，中国人谓之"天下"，坚持胸怀天下是我们党百年奋斗的历史经验之一。世界眼光包含以下四个维度：一是从中国看中国，熟悉本国历史与传统。二是从中国看世界，学习世界优秀文明成果。三是从世界看中国，在国际比较中认识中国特色。四是从世界看世界，把握世界大势和时代潮流。[②]

进入新时代，中国日益走近世界舞台的中央，积极参与全球治理体系改革和建设，不断为构建人类命运共同体贡献中国智慧和力量。但是面对世界百年未有之大变局，我国急需加强全球治理人才队伍建设，培养一大批具有全球视野和世界眼光、能参与各领域全球事务的优秀人才，为我国参与全球治理提供有力人才支撑。为此，习近平总书记指出，"参与全球治理需要一大批熟悉党和国家方针政策、了解我国国情、具有全球视野、熟练运用外

---

① 参见习近平：《在北京大学师生座谈会上的讲话》，人民出版社2018年版，第3页。
② 参见姜锋：《培养具有全球视野和世界眼光的高层次国际化人才》，《中国高等教育》2020年第21期。

语、通晓国际规则、精通国际谈判的专业人才"①。《国家中长期教育改革和发展规划纲要（2010—2020 年）》提出："适应国家经济社会对外开放的要求，培养大批具有国际视野、通晓国际规则、能够参与国际事务和国际竞争的国际化人才。"教育部等八部门《关于加快和扩大新时代教育对外开放的意见》进一步提出："提升我国高等教育人才培养的国际竞争力，加快培养具有全球视野的高层次国际化人才。"

2022 年 7 月 21 日，习近平总书记在给世界青年发展论坛的贺信中指出，中国始终把青年看作推动社会发展的有生力量，鼓励青年在参与推动构建人类命运共同体的实践中展现青春活力。② 时代新人要立足全球发展，不断加深对中国与世界关系的认识，思考和探索中国与世界的良性互动，努力提升国际对话和跨文化交流沟通的能力，为构建人类命运共同体、推动人类进步和世界和平发展作出应有的贡献。

三、人民性

唯物史观认为，人民是历史的主体、人民是推动历史前进的根本动力，人民群众是社会历史的创造者，是推动社会发展的决定性力量。马克思主义是人民的理论，人民性是马克思主义的鲜明品格和本质属性。坚持人民至上是我们党百年奋斗的历史经验之一。习近平总书记在党的二十大报告中强调，"新时代的伟大成就是党和人民一道拼出来、干出来、奋斗出来的"③。时代是出卷人，我们是答卷人，人民是阅卷人。同理，时代新人能否担当大任、担好大任，也是需要人民来评判的。因此，人民性是时代新人的重要特质，集中反映了中国共产党人历史唯物主义的立场、观点和方法。

----

① 《习近平谈治国理政》第二卷，外文出版社 2017 年版，第 450 页。

② 参见《习近平向世界青年发展论坛致贺信》，《人民日报》2022 年 7 月 22 日。

③ 习近平：《高举中国特色社会主义伟大旗帜　为全面建设社会主义现代化国家而团结奋斗——在中国共产党第二十次全国代表大会上的报告》，人民出版社 2022 年版，第 15 页。

（一）站稳人民立场

立场问题在根本上解答的是"为了谁"的问题，只有明确"为了谁"，才能知道"做什么"和"怎么做"。人民立场是马克思主义政党区别于其他政党的显著标志。"江山就是人民，人民就是江山"，中国共产党始终代表最广大人民的根本利益。全心全意为人民服务，是党的根本宗旨。自成立之日起，党就一直在为人民的根本利益而不懈奋斗，始终坚持发展为了人民、发展依靠人民、发展成果由人民共享，持续促进社会公平正义，增进人民福祉，不断实现人民对美好生活的向往。

时代新人是党培养出来的优秀人才，必须树立人民主体地位和人民当家作主的理念，始终把人民群众装在心中，不断厚植人民情怀。可以说，新人是来自人民的，发展根基在人民，也是为人民服务的。时代新人只有将个体的主体性、群体的主体性以及人类的主体性相连接，才能实现个体性、人民性与人类性的统一。[①] 具体来说，培养时代新人的过程，就是要引领广大青年深刻领悟马克思主义人民观、群众观、青年观，充分认识人民群众的社会历史作用，深刻领悟人民群众对党和国家发展的重大意义，教育引导青年站稳人民立场，自觉拜人民为师，向英雄学习、向前辈学习、向榜样学习，争做堪当民族复兴大任的时代新人。[②]

（二）到人民中去

"从人民中来、到人民中去"本身就是马克思主义世界观和方法论的根本要求，也是中国共产党初心使命和根本宗旨的内在要求。1835 年，17 岁的马克思在《青年在选择职业时的考虑》一文中就表达了为人类谋幸福的

---

① 参见冯刚、王莹：《时代新人培育的内在要求与实现路径》，《中国高等教育》2020 年第 23 期。

② 参见万资姿：《打好堪当民族复兴重任时代新人的"底色"》，《光明日报》2022 年 5 月 24 日。

高尚理想，他说："在选择职业时，我们应该遵循的主要指针是人类的幸福和我们自身的完美。"① 毛泽东同志曾说："看一个青年是不是革命的，拿什么做标准呢？拿什么去辨别他呢？只有一个标准，这就是看他愿意不愿意、并且实行不实行和广大的工农群众结合在一块。……只有这一个辨别的标准，没有第二个标准。"② 1939 年 5 月 1 日，毛泽东同志在为延安出版的中共中央机关报《解放》写的纪念五四运动 20 周年的文章中寄语青年，"把自己的工作和工农民众结合起来，到工农民众中去"③。80 年后，在纪念五四运动 100 周年大会上的讲话中，习近平总书记同样勉励广大青年，"到人民群众中去，到新时代新天地中去"④。他还经常以自己的知青经历勉励青年，强调艰难困苦能够磨炼一个人的意志。长期以来，到人民中去、到基层去、到祖国最需要的地方去，是广大进步青年共同的追求。比如，自 2006 年"三支一扶"计划实施以来，已有 46.9 万名高校毕业生到 2300 余个区县的基层单位服务。在大山深处、偏远乡村，他们用专业知识支教、支农、支医、扶贫，在广阔天地中挥洒智慧和汗水。

可以说，到群众中去、到人民中去，是我们党对青年的一贯期望，也是中国青年实现人生价值、履行历史使命的必由之路。2020 年 2 月，习近平总书记给正在北京大学首钢医院实习的西藏大学医学院学生回信，勉励他们练就过硬本领，毕业后到人民最需要的地方去，以仁心仁术造福人民特别是基层群众。从群体来看，时代新人只有到人民中去，才能更好履行担当民族复兴大任的使命，才能成为推动社会主义现代化强国建设的主体力量。从个体来看，时代新人的人生目标各不相同，职业选择也各有差异，但只有把自己的小我融入祖国的大我、人民的大我之中，与时代同步伐、与人民共命运，才能更好实现人生价值、升华人生境界。正如习近平总书记所说："同

---

① 《马克思恩格斯全集》第 1 卷，人民出版社 1995 年版，第 459 页。
② 《毛泽东选集》第二卷，人民出版社 1991 年版，第 566—567 页。
③ 《毛泽东选集》第二卷，人民出版社 1991 年版，第 560 页。
④ 习近平：《在纪念五四运动 100 周年大会上的讲话》，人民出版社 2019 年版，第 7 页。

人民一起奋斗，青春才能亮丽；同人民一起前进，青春才能昂扬；同人民一起梦想，青春才能无悔。"①

四、实践性

人是社会实践的主体，也是现代化和人类文明的生产者、创造者和推动者。人作为个体必须借助一定的现实条件，才能生存和发展自身。新人的价值，在本质上其实是通过个体的社会实践而实现的。列宁关于社会主义新人的论述就以推进社会主义建设为起点而展开，强调要在实践探索中培养新人。习近平总书记强调，社会主义是干出来的，新时代也是干出来的。时代新人的培养场域本就体现在社会主义现代化建设的实践中。实现中华民族伟大复兴，既为时代新人提出了使命责任，也为时代新人提供了广阔的实践舞台。时代新人在实践中被塑造，也在实践中实现个人发展，推动社会进步。

（一）坚持知行合一

"知者行之始，行者知之成"。知行合一，是中国哲学认识论和实践论的古老命题，也是马克思主义哲学的重要观点。古今中外，很多思想家、教育家、政治家对"知"与"行"作出了非常深入的思考探索。马克思认为把生产劳动和智育体育结合起来不仅是增加社会生产的方法，并且是唯一的生产一个全面发展的人类的方法。毛泽东同志在《实践论》中说，"我们的结论是主观和客观、理论和实践、知和行的具体的历史的统一"②。习近平总书记多次要求广大青年要在知行合一中主动担当作为，强调"要力行，知行合一，做实干家"③。虽然描述各有差异，但总体来说，他们无一不强

---

① 《习近平关于青少年和共青团工作论述摘编》，中央文献出版社 2017 年版，第 17 页。
② 《毛泽东选集》第一卷，人民出版社 1991 年版，第 296 页。
③ 习近平：《在北京大学师生座谈会上的讲话》，人民出版社 2018 年版，第 13 页。

调和突出知识与行动在实践中的统一，主张"知"与"行"的相互促进和转化。①

（二）扎根中国大地

坚持扎根中国大地办教育是"双一流"建设的指导思想，具体表现为"扎根中国大地办大学"②。更进一步来说，也要扎根中国大地育新人。2017年8月15日，习近平总书记给第三届中国"互联网+"大学生创新创业大赛"青年红色筑梦之旅"的大学生回信，勉励他们扎根中国大地了解国情民情，在创新创业中增长智慧才干，在艰苦奋斗中锤炼意志品质，在亿万人民为实现中国梦而进行的伟大奋斗中实现人生价值，用青春书写无愧于时代、无愧于历史的华彩篇章。2022年4月25日，习近平总书记在中国人民大学考察调研时强调，希望广大青年用脚步丈量祖国大地，用眼睛发现中国精神，用耳朵倾听人民呼声，用内心感应时代脉搏，把对祖国血浓于水、与人民同呼吸共命运的情感贯穿学业全过程、融汇在事业追求中。2023年五四青年节到来之际，习近平总书记在给中国农业大学科技小院的同学们的回信中，对同学们深入田间地头和村屯农家，在服务乡村振兴中解民生、治学问表示很欣慰，希望同学们志存高远、脚踏实地，把课堂学习和乡村实践紧密结合起来，厚植爱农情怀，练就兴农本领，在乡村振兴的大舞台上建功立业，为加快推进农业农村现代化、全面建设社会主义现代化国家贡献青春力量。

扎根中国大地，这个"大地"的内涵非常丰富，基层一线、祖国边陲、偏远乡村，都是中国大地。李大钊曾在《青年与农村》一文中呼唤："青年

---

① 参见谭秋浩：《知行合一：大学生社会主义核心价值观教育的第一要义》，《高教探索》2015年第9期。
② 刘志：《习近平"坚持扎根中国大地办教育"重要论述的核心要义与理论品格》，《东北师大学报（哲学社会科学版）》2021年第1期。

呵！速向农村去吧!"① 中国之大，不是通过网络就能全面了解，不是照搬理论就能准确把握，时代新人是未来社会主义现代化强国建设的主体力量，是民族的未来。时代新人要成长为有本领的一代，离不开在中国大地上的锻炼。特别是新时代的青年大多生于改革开放以后，是在物质丰裕时代成长起来的一代新人，他们对基层，特别是对乡村地区的情况了解需要进一步增强。因此，时代新人只有扎根中国大地，投身实践，俯身向下，深入群众，沉下去了解中国，才能更好地认识社会，更好地在实践锻炼中增长本领，进一步坚定为民服务的宗旨意识，才能挑起中华民族伟大复兴的历史重任。

第三节　时代新人培养及价值

前文详述了时代新人的内涵，分析了时代新人的共同特质。但是，提出时代新人的培养目标，还只是回答了"培养什么人"的问题，解决了培养时代新人的前提。如何实现这一目标，还要回答好"怎样培养人""谁来培养人"等问题，进一步深入讨论时代新人的培养及价值问题。

一、时代新人培养的含义

何为"培养"？《辞海》释义为："长期依照一定的目标加以策划和训练"，"培养"是一个动态的、多元的、延续的过程。时代新人培养应以培养担当民族复兴大任的人为总体目标，以发展广大青年的先进性、时代性、人民性、实践性特质为具体目标，由党和政府、学校、教师、家庭和社会等培养主体，通过教育引导、实践养成、制度保障等手段，使广大青年将担当

---

① 《李大钊全集》第二卷，人民出版社 2013 年版，第 426 页。

民族复兴大任内化为理想信念、情感认同和行动实践。

二、时代新人培养的构成

"时代新人培养"这个概念界定得是否准确，内涵与外延把握得是否科学，决定着我们研究和认识时代新人培养的层面与范围，影响着时代新人培养的基本路径和方向性问题。在教育领域，"培养"一般也与"人才培养"是同位语，等同使用。培养是教育的首要任务，是复杂的系统工程。培养至少要解决六个问题：一是培养理念的提出，二是培养目标的确定，三是培养对象的选择，四是培养过程的优化，五是培养主体的明确，六是培养路径的利用，这也是培养的六大要素。这里简要介绍在时代新人培养过程中这六大要素的具体内涵。

（一）培养理念

培养理念，指在什么思想指导下培养什么样的人才，是关于教育育人的本质特征、目标价值、职能任务和活动原则的理性认识，也是教育主体对培养的理想追求及其所形成的教育观念，旨在回答培养的内在逻辑、终极价值与理想追求。时代新人的培养理念，简单说来就是落实立德树人根本任务，用习近平新时代中国特色社会主义思想铸魂育人，培育和践行社会主义核心价值观，教育引导大学生坚定理想信念，树立正确的世界观人生观价值观，厚植爱国主义情怀，涵养高尚道德情操，努力成长为堪当民族复兴大任的时代新人。

（二）培养目标

培养目标是"培养什么人"，是一个纯粹的目的范畴。时代新人的培养目标，从广处看就是培养大批堪当民族复兴大任的时代新人，从细处看就是将培养对象教育成具有共同特质的群体。时代新人的共同特质如前文所述，就是先进性、时代性、人民性和实践性。

（三）培养对象

培养对象指"培养谁"，是培养主体施加教育、教学影响，进行人才培养活动的客体。本书第一章第一节已经详述，时代新人培养的对象即时代新人的主体，即广大青年。

（四）培养过程

培养过程是"按照什么样子"去设计与建构培养目标的实现，强调的是认识与实践活动的过程形态。时代新人的培养过程，如前文所说，是通过教育引导、实践养成、制度保障等手段，使广大青年将担当民族复兴大任内化为理想信念、情感认同和行动实践的全程性育人链条。这里，笔者着重论述时代新人的培养主体和培养路径。

（五）培养主体

培养主体指培养活动的设计者、组织者与实施者所构成的群体。时代新人的培养是我们党在新时代提出的实现中华民族伟大复兴的战略任务，是一项系统复杂的工程。培养担当民族复兴大任的时代新人，依赖教育引导、实践养成、制度保障三种路径，领域覆盖国民教育、精神文明创建、精神文化产品创作生产传播，范围包含社会发展各方面，主体包括党和政府、学校、教师、家庭和社会等单元。正如习近平总书记所强调的，办好教育事业，家庭、学校、政府、社会都有责任，把青年一代培养造就成德智体美劳全面发展的社会主义建设者和接班人，是事关党和国家前途命运的重大战略任务，是全党的共同政治责任。时代新人培养作为教育事业的重要内容，作为培养社会主义建设者和接班人的阶段性任务，党和政府、学校、教师、家庭和社会都必须承担相应的责任，履行好教育主体的功能。

一是党和政府。办好中国的事情，关键在党。"党政军民学，东西南北中，党是领导一切的"。这个"学"就是教育，就是人才培养。始终坚持党对时代新人培养的领导，既是对党培养新人传统的继承与坚守，也是对新时代坚持和加强党的全面领导的根本遵循。①

时代新人的培养是一项复杂的系统工程，党的领导在时代新人培养中发挥着核心作用，坚持党的领导是培养时代新人的政治保证和组织保障。只有依靠党组织发挥领导统揽作用，对时代新人的培养进行整体谋划，才能提升工作的系统性、整体性、协同性。习近平总书记多次强调党和政府要从实现中华民族伟大复兴的高度，切实增强培养时代新人的政治责任感和历史使命感。习近平总书记在多个场合明确要求，各级党委和政府要抓好落实工作，努力培养担当民族复兴大任的时代新人。各级党委和政府要为学校办学安全托底，解决学校后顾之忧，维护老师和学校应有的尊严，保护学生的生命安全。各级各类学校党组织要把党建工作作为办学治校的重要工作，把抓好学校党建工作作为办学治校的基本功，把党的教育方针全面贯彻到学校工作各方面。思想政治工作是学校各项工作的生命线，各级党委、各级教育主管部门、学校党组织都必须紧紧抓在手上。习近平总书记的论述进一步明确了加强党对教育事业全面领导的目标、方向和任务。

时代新人培养是一件关乎国运的大事。政府在推进时代新人培养的过程中占据主导地位，这充分体现了我国作为社会主义国家集中力量办大事的高效率与优越性。具体来说，政府在加大教育经费投入、加快教育改革、保障教育高质量发展等方面发挥着主要作用。比如，"双一流"建设就是我国政府牢牢抓住人才培养这个关键，坚持为党育人、为国育才，坚持教育服务国家战略需求的重大举措。

二是学校。学校是培养时代新人的主阵地。如前所述，时代新人的主体

---

① 参见王健睿：《论接力实现民族复兴背景下时代新人的培育》，《云南社会科学》2020年第3期。

既然是青年群体，那么培养时代新人的主体无疑是各级各类学校，特别是承担教育青年群体使命的高校。高校是科技、人才资源和创新动力的重要结合点，在时代新人培养中具有先天的优势，也理应对社会发展承担相应的职责，发挥人才培养的本体功能。2023 年，我国共有高等学校 3074 所，各种形式的高等教育在学总规模 4763 万人，比上年增加 108 万人。[①] 这 3074 所高等学校作为培养时代新人的重要主体之一，在以中国式现代化全面推进中华民族伟大复兴的新征程中，理应心怀"国之大者"，筑牢人才自主培养根本，为中国式现代化建设培养能够引领未来的创新型人才。

党的十八大以来，习近平总书记多次赴高校考察调研，对高校为党育人、为国育才提出殷切期望和系列要求。2021 年 4 月，习近平总书记在清华大学考察时强调，我国高等教育要立足中华民族伟大复兴战略全局和世界百年未有之大变局，心怀"国之大者"，想国家之所想、急国家之所急、应国家之所需，抓住全面提高人才培养能力这个重点，坚持把立德树人作为根本任务，着力培养担当民族复兴大任的时代新人。2021 年 9 月，在中央人才工作会议上，习近平总书记再次强调，要走好人才自主培养之路，高校特别是"双一流"大学要发挥培养基础研究人才主力军作用，培养高水平复合型人才。2023 年 5 月，在主持中共中央政治局第五次集体学习时，习近平总书记再次强调，建设教育强国，龙头是高等教育，要把加快建设中国特色、世界一流的大学和优势学科作为重中之重，大力加强基础学科、新兴学科、交叉学科建设，瞄准世界科技前沿和国家重大战略需求推进科研创新，不断提升原始创新能力和人才培养质量。这次讲话指出高等教育是教育强国建设的龙头，赋予了高等教育新的战略地位和历史使命，明确了不断提升人才培养质量是高等教育支撑教育强国建设的两大任务之一。在时代新人培养过程中，高校理应发挥龙头作用，担当龙头使命，作出龙头贡献。这既

---

① 参见《2023 年全国教育事业发展统计公报》，中国政府网，http://www.moe.gov.cn/jyb_ sjzl/sjzl_ fztjgb/202410/t20241024_ 1159002.html。

是党和国家交给高校的重大政治任务，也是高校办好人民满意教育的使命担当。高校要积极回应党和国家对人才的呼唤，主动站在战略高度看人才培养，把握大局大势办学校，跳出高校自身发展的小逻辑，建立起服从国家经济社会发展的大逻辑，使高等教育服务中华民族伟大复兴战略全局和世界百年未有之大变局，积极支持世界主要科学中心和世界重要人才中心建设。

三是教师。人才培养，关键在教师，时代新人的培养离不开好教师。教师肩负着塑造灵魂、塑造生命、塑造新人的时代重任，其思想政治素质和职业道德水平，直接关系到时代新人的培养水平。习近平总书记明确指出，"教师承载着传播知识、传播思想、传播真理，塑造灵魂、塑造生命、塑造新人的时代重任"①，各级党委和政府要从战略高度来认识教师工作的极端重要性，把加强教师队伍建设作为基础工作来抓。

据 2023 年全国教育事业发展统计公报显示，2023 年全国共有专任教师1891.78 万人。② 这支庞大的教师队伍支撑起世界上最大规模的教育体系，承担起培养时代新人的直接责任，是中华民族"梦之队"的筑梦人，是可以信任和依靠的大国良师。新时代教师队伍培养层次、专业能力和专业知识储备水平不断提高，更好满足了经济社会发展对高素质人才的需要。但面对培养时代新人的重要使命，要进一步引导教师做有理想信念、有道德情操、有扎实学识、有仁爱之心的"四有"好老师，建设一支政治素质过硬、业务能力精湛、育人水平高超的高素质教师队伍，使教师更好担当起育人职责。

四是家庭。家庭是社会的基本细胞，是人发育、成长、生存的首要基地，家长是孩子的第一任教师。习近平总书记高度重视家庭教育，他强调："广大家庭都要重言传、重身教，教知识、育品德，身体力行、耳濡目染，

---

① 习近平：《论党的青年工作》，中央文献出版社 2022 年版，第 187 页。
② 参见《2023 年全国教育事业发展统计公报》，中国政府网，http://www.moe.gov.cn/jyb_ sjzl/sjzl_ fztjgb/202410/t20241024_ 1159002.html。

帮助孩子扣好人生的第一粒扣子，迈好人生的第一个台阶。"① "教育、妇联等部门要统筹协调社会资源支持服务家庭教育。"② 党的二十大报告也指出，要加强家庭家教家风建设，健全学校家庭社会育人机制。2021 年，国家颁布《中华人民共和国家庭教育促进法》，规定"家庭教育以立德树人为根本任务，培育和践行社会主义核心价值观，弘扬中华民族优秀传统文化、革命文化、社会主义先进文化"③，将家庭教育由传统家事上升为新时代的重要国事。培养时代新人，家庭教育是第一步，父母是第一责任人，也是协调各方力量把培育时代新人这一"国之大者"落到千家万户的关键一环。

五是社会。社会是人谋生发展、相互交往的基本环境，马克思主义反复强调，人是社会性的存在物。同理，一切教育活动，总是在一定的社会环境中开展的。培养时代新人，是全体中国人民共同的事业，社会同样具有责任。习近平总书记强调："全社会都要担负起青少年成长成才的责任。"④ 在论及青年的思想政治工作时，习近平总书记多次强调要充分调动全社会力量和资源。比如，他强调"大思政课"我们要善用之，一定要跟现实结合起来，要推动思政小课堂与社会大课堂相结合，形成育人合力。

社会对学校教育和家庭教育发挥着引导方向、强化保障、提供资源的重要功能。当然，这里的社会内涵非常丰富，可以是宏观的社会，也可以是社会的某个领域、某条战线，比如，2018 年 8 月，习近平总书记在全国宣传思想工作会议上强调，宣传思想工作"要把培养担当民族复兴大任的时代新人作为重要职责"⑤。时代新人的培养要遵循全社会共同承担的运行逻辑和培养规律，在时代新人培养的全过程中，调动一切育人主体、发掘一切育

---

① 《习近平关于青少年和共青团工作论述摘编》，中央文献出版社 2017 年版，第 40 页。
② 《习近平关于注重家庭家教家风建设论述摘编》，中央文献出版社 2021 年版，第 69 页。
③ 《中华人民共和国家庭教育促进法》，人民出版社 2021 年版，第 3 页。
④ 《习近平关于注重家庭家教家风建设论述摘编》，中央文献出版社 2021 年版，第 69 页。
⑤ 习近平：《论党的宣传思想工作》，中央文献出版社 2020 年版，第 340 页。

人资源、形成强大育人合力。

（六）培养路径

培养路径指通过什么方式、借助什么载体以实现培养目标。中国共产党对新人的培养，路径是不断丰富的。新民主主义革命时期，新人的塑造主要是用先进的人生观、社会观，最新的科学知识和结论武装头脑。社会主义革命和建设时期，新人的塑造主要依靠改造。改造的对象包括工人阶级、农民阶级和知识分子等各类群体，改造的目的是使他们成为社会主义的新人。改革开放和社会主义现代化建设新时期，新人培养路径不断丰富，这不仅是党的人才培养实践的不断深化，更是我们党在人才自主培养道路上的努力探索。

关于时代新人的培养，习近平总书记在党的十九大报告中指出，"要以培养担当民族复兴大任的时代新人为着眼点，强化教育引导、实践养成、制度保障"[1]。2018 年，在全国宣传思想工作会议上，他指出"育新人，就是要坚持立德树人、以文化人，建设社会主义精神文明、培育和践行社会主义核心价值观，提高人民思想觉悟、道德水准、文明素养，培养能够担当民族复兴大任的时代新人"[2]。《新时代公民道德建设实施纲要》也提出，要"持续强化教育引导、实践养成、制度保障，不断提升公民道德素质，促进人的全面发展，培养和造就担当民族复兴大任的时代新人"[3]。目前，学术界对时代新人培养路径的研究虽然切入点很多，但总体是从教育引导、实践养成和制度保障这三个方面去拓展分析。[4] 时代新人的培养是事关全局的重

---

[1] 习近平：《决胜全面建成小康社会　夺取新时代中国特色社会主义伟大胜利——在中国共产党第十九次全国代表大会上的报告》，人民出版社 2017 年版，第 42 页。

[2] 《习近平著作选读》第二卷，人民出版社 2023 年版，第 193—194 页。

[3] 《新时代公民道德建设实施纲要》，人民出版社 2019 年版，第 4 页。

[4] 也有部分学者尝试从道德价值、道德荣誉、道德人格等视域去拓展时代新人培养的新路径，参见陈志兴：《时代新人的道德人格建构：价值意蕴、现实境遇与实现路径》，《探索》2019 年第 5 期。

大问题，是涉及全域的系统工程，必须从多角度、多层次来探寻时代新人的培养路径。

一是教育引导。教育引导是培养时代新人的根本途径，主要从理想信念、能力素质、精神面貌等维度，为时代新人"扣好人生第一粒扣子""补足精神之钙"，引导时代新人明确个人的使命任务和努力方向，凝聚担当民族复兴大任的思想共识，锤炼担当民族复兴大任的过硬本领。

第一，要以建好思想政治理论课为抓手，教育引导时代新人用习近平新时代中国特色社会主义思想武装头脑。浇花浇根，育人育心。拥有先进的思想，是时代新人的共同特质之一。用习近平新时代中国特色社会主义思想铸魂育人，是培养担当民族复兴大任的时代新人的内在要求。① 2019 年 3 月，习近平总书记在学校思想政治理论课教师座谈会上提出"用新时代中国特色社会主义思想铸魂育人"②。这是以教育引导方式培养时代新人的前提基础，更是引导时代新人强化信仰信念信心、勇担民族复兴大任的必然要求。用习近平新时代中国特色社会主义思想铸魂育人，首先要聚焦理论本身，要充分发挥思想政治理论课的主渠道作用，推动习近平新时代中国特色社会主义思想进教材、进课堂、进头脑，要创新党的理论传播手段和话语方式，增强时代新人的思想定力、理论素养和理想信念，引导他们深刻领悟"两个确立"的决定性意义，增强"四个意识"、坚定"四个自信"、做到"两个维护"。

第二，要以提升高校人才自主培养能力为抓手，教育引导时代新人争做拔尖创新人才。习近平总书记指出，自力更生是中华民族自立于世界民族之林的奋斗基点。一个国家是否称得上教育强国，关键要看自主培养的人才能否支撑国家参与世界最前沿、最先进的科技竞争和产业竞争。从世界范围看，为应对不断加剧的全球竞争的挑战，许多国家都把人才培养提升到了国

---

① 参见沈壮海、王芸婷：《用习近平新时代中国特色社会主义思想铸魂育人》，《思想理论教育》2020 年第 6 期。
② 习近平：《思政课是落实立德树人根本任务的关键课程》，《求是》2020 年第 17 期。

家战略部署的高度。当前，我国高水平人才自主培养质量还有待进一步提高，很多国家战略人才和急需紧缺人才得不到满足。特别是拔尖创新人才是支撑高水平科技自立自强的战略力量，"要不来、买不来、讨不来"，必须确保自主供给。自主培养，"自"这个字，就是把饭碗端在自己手上。基于此，我们党关于"教育、科技、人才"三位一体的总体布局，落脚点就是强化现代化建设的人才支撑，而关键是推进人才资源自主可控，这是实现时代新人自主培养的核心内容。"自主"对时代新人的培养也提出了具体要求，首先，要有特色。特别是"双一流"高校，应该聚焦在特色优势领域和方向上创建一流，要持续在"高精尖缺"和"卡脖子"技术人才培养上发力，深入实施"强基计划""基础学科拔尖学生培养计划2.0"，加强高质量研究生教育体系建设，为拔尖创新人才自主培养提供良好环境，为我国尽早成为世界主要科学中心和创新高地提供人才支撑。其次，自主是培养为我所用的人才。坚持为党育人，为国育才，立足国家需要，探求适合我国国情和未来长期发展目标的培养策略，仍然是我们培养拔尖创新人才的重点和难点。最后，自主不是封闭，而是开放的。自主的目的是自强，自强的目的是要自信，不能说因为要自主培养人才，就排斥对人才的引进，要做到扎根中国大地，借鉴他山之石。

第三，要以加快推进"双一流"建设为抓手，提升高校发挥教育引导功能的水平。不管是用习近平新时代中国特色社会主义思想铸魂育人，还是提升人才自主培养能力，都要靠高校来实施。没有一流的大学，肯定培养不出来符合党和国家要求的时代新人。"双一流"建设的核心宗旨是中国的高等教育要走向世界的中心，引领世界高等教育的发展。加快"双一流"建设不仅是实现国家发展宏伟目标的重要保障和助推教育高质量发展的强大动力，更是满足时代新人培养的现实要求。每个"双一流"大学都有不同的任务和定位，但"培养人"必定是共性准则，因此提升"双一流"大学时代新人培养能力，要始终突出立德树人这个根本，把人才培养放在"双一流"建设的突出位置，以"双一流"建设引领高等教育发展提升，提升

"双一流"大学教育引导时代新人的能力水平。

二是实践养成。社会主义核心价值观是当代中国精神的集中体现，凝结着全体人民共同的价值追求，提供和规定了国家、社会和个体层面的理想目标，是党的十八大以来我国意识形态建设的"一号工程"，为时代新人培养提供了根本的指引和依据。时代新人的先进性、时代性、人民性、实践性的形成，除了教育引导，更在于春风化雨、融入日常的实践养成。从现实来看，在学习知识、提升本领的同时，时代新人的人格培养、素质培养、精神状态调试等，都离不开实践的磨砺、锤炼与校验，特别是通过社会主义核心价值观的浸润来引导青年把学习奋斗的具体目标同民族复兴的伟大目标结合起来。

从具体语境来看，时代新人这个概念本就是作为"培育和践行社会主义核心价值观"的着眼点而提出来的，时代新人的一个重要品质就是自觉践行社会主义核心价值观。这里的着眼点包含两层含义：其一是指时代新人是培育和践行社会主义核心价值观的工作目标，要把社会主义核心价值观融入社会发展各方面，转化为人们的情感认同和行为习惯。比如，2022 年 4 月，习近平总书记在中国人民大学考察时指出，广大青年要做社会主义核心价值观的坚定信仰者、积极传播者、模范践行者，向英雄学习、向前辈学习、向榜样学习，争做堪当民族复兴重任的时代新人，在实现中华民族伟大复兴的时代洪流中踔厉奋发、勇毅前进。其二是指时代新人是培育和践行社会主义核心价值观的总抓手。2018 年 8 月，习近平总书记在全国宣传思想工作会议上强调，"育新人，就是要坚持立德树人、以文化人，建设社会主义精神文明、培育和践行社会主义核心价值观，提高人民思想觉悟、道德水准、文明素养，培养能够担当民族复兴大任的时代新人"①。简单来说，社会主义核心价值观对时代新人的培养发挥着引领作用，培养时代新人的过程，就是要落实关于社会主义核心价值观要回答的"我们要培育什么样的

---

① 《习近平著作选读》第二卷，人民出版社 2023 年版，第 193—194 页。

公民"这一基本问题。

那么，如何在时代新人培养的过程中融入社会主义核心价值观？这就需要结合广大青年实际情况，借助有效载体，将社会主义核心价值观转化为青年喜闻乐见的价值共识，进而涵养成自觉践行的文明习惯。具体来说，其一是要加强宣传教育，让时代新人能够从实现中华民族伟大复兴战略全局、中国特色社会主义后继有人的高度，认识和把握社会主义核心价值观。① 其二是注重日常引导，特别是充分利用 5G、人工智能等先进信息技术，积极推动社会主义核心价值观深度融入时代新人的培养过程，"不断提升公民道德素质，促进人的全面发展，培养和造就担当民族复兴大任的时代新人"②。其三是强化内生自觉，引导时代新人努力把社会主义核心价值观的要求内化为日常的行为准则，形成自知自觉自主践行的信念理念。

三是制度保障。制度是关系党和国家事业发展的根本性、全局性、稳定性、长期性问题，制度建设具有持久、稳定的教育功效。时代新人的培养制度，指用什么制度来保障人才的培养。③ 时代新人的培养是一项范围广、领域多和跨度长的系统育人工程，是一项事关党和国家事业发展后继有人的基础工程、希望工程和战略工程，要想取得预期效果，必须通过体制机制的有效建构，整合各方资源、凝聚最大合力。

事实上，在党和国家层面，已经出台了一系列政策制度推动时代新人的培养。比如党的二十大报告作出"教育、科技、人才"三位一体的总体部署；《中华人民共和国国民经济和社会发展第十四个五年规划和 2035 年远景目标纲要》提出要全面贯彻党的教育方针，坚持优先发展教育事业，坚持立德树人，增强学生文明素养、社会责任意识、实践本领，培养德智体美劳全面发展的社会主义建设者和接班人；《中国教育现代化 2035》提出更加注

---

① 参见刘伟：《坚持以社会主义核心价值观涵育时代新人》，《教学与研究》2022 年第 5 期。

② 《新时代公民道德建设实施纲要》，人民出版社 2019 年版，第 4 页。

③ 关于培养的基本内涵，参见董泽芳：《高校人才培养模式的概念界定与要素解析》，《大学教育科学》2012 年第 3 期。

重全面发展，培育担当民族复兴大任的时代新人；2023 年，中央教育工作领导小组印发《关于在高等学校实施"时代新人铸魂工程"的方案》，为时代新人培养提供了制度遵循。此外，还有《中长期青年发展规划（2016—2025 年）》《中共中央、国务院关于深化教育教学改革全面提高义务教育质量的意见》《高校思想政治工作质量提升工程实施纲要》等，都服务于时代新人培养体系的构建。这些政策和制度绘制了培养时代新人的中国蓝图和中国方案，从宏观层面指明了时代新人培养的战略方向。

但我们也应看到，时代新人培养体系在中观、微观制度建设上还不够完善。在时代新人培养的体制机制、主体责任、目标引导、重大任务、实践平台、培养规范、培养成效、资源保障与人才评价等各方面，还没有形成一种相互递进的制度链和相互交织的制度网，并最终形成时代新人培养体系。《教育强国建设规划纲要（2024—2035 年）》，明确将坚持立德树人根本任务，牢牢把握"培养什么人、怎样培养人、为谁培养人"。以此为契机，时代新人培养的各级各类主体都应进一步思考如何履行自己的培养责任，从制度上、政策上确保时代新人培养这一历史使命熔铸于本领域工作的各个环节，确保时代新人培养有方向、有章法、有力量。

三、时代新人培养的价值

（一）必然：时代新人推动时代发展

任何社会，在任何历史发展阶段，都需要与这个时代所匹配的"新人"；不同社会在同一历史时期，同一社会在不同历史时期，对"新人"的道德品质要求必定有所区别。因此，有必要在更为宽广的历史视野中，去考究时代新人何以在中华民族伟大复兴的历史进程中找到其出场的历史必然性。

在中华优秀传统文化中，自古就有重人才、惜人才的传统，对人才有着丰富的论述和表达。比如孟子曾言："故天将降大任于是人也，必先苦其心志，劳其筋骨，饿其体肤，空乏其身，行拂乱其所为，所以动心忍性，曾益其所不能"①，这是对"担大任者"的经典描述。随着社会生产力和生产关系的发展，关于人才培养的论说也在不断演进。从诸子百家到近代学人，从文人墨客到帝王将相，如何识才、选才、育才、任才，是贯穿于中华民族文明史的永恒问题。简单来说，传统中国对人才的要求，既重视道德品格，也重视文化知识；既注重文化传承，也注重实用技能；既重视文事，也重视武备；既强调礼仪规范，也强调内心情感修养。这种人才观体现了文武兼备、诸育兼顾的特点，折射出中国传统文化的底色、映照着中华民族的风格和气节，是文化和教育的真实表现，也体现出特定历史时期经济、政治社会发展的现实要求。

到了近代，即有"新民"之说，"新民"塑造成为寻求救国路径的一种尝试。梁启超即认为其时中国第一急务就是培养"新民"，"新民为当务之急，苟有新民，何患无新制度，无新政府，无新国家"②，他还创办了《新民丛报》，投身新国民培养的实践。五四运动前后，造就具备自由、民主、平等、科学和爱国的新国民成为时代的迫切呼吁和理论新声。《新青年》的创办就是希望青年成为一代"新人"，陈独秀还从身体、心理等方面对新旧青年进行了对比，提出了"新青年"的六个标准："自主的而非奴隶的，进步的而非保守的；进取的而非退隐的；世界的而非锁国的；实利的而非虚文的；科学的而非想象的。"③ 毛泽东同志后来又加了一条："强壮的而非虚弱的。"1918 年，毛泽东同志等在长沙倡导成立新民学会，学会成员自称"1920 年产生的新人"。"长沙城的先进知识分子和进步青年"都是这一时代的"新民"。先有新人，才有新国家，成为先进知识分子群体的普遍共识，如陈独秀提出锻造"精神上别搆真实新鲜之信仰"④ 的新青年。对

---

① 《孟子·告子下》，方勇译注，中华书局 2018 年版，第 285 页。
② 张岱年、敏泽主编：《回读百年：20 世纪中国社会人文论争》第 1 卷，大象出版社 1999 年版，第 933 页。
③ 陈独秀：《敬告青年》，《青年杂志》1915 年第 1 卷第 1 号。
④ 《陈独秀文集》第一卷，人民出版社 2013 年版，第 142—143 页。

"新国民"以及国民性改造的思考，为"无产阶级新人"的塑造打下了思想储备，营造了舆论氛围。总的来看，"新民"思想是近代以来国人在探索救亡图存道路陷入阻滞状态后寻求的又一解决方案。

社会主义和共产主义是由人民和为人民建设的，人是革命事业的无价之宝。重视人、培养人、把人组织起来，最充分地发挥人的积极性和创造能力，是我们党能够无往不胜的重要原因。人民的觉悟程度越高、政治锻炼越强、内部的团结越巩固、新生力量成长得越快，社会主义事业的建设就越有成效。如毛泽东同志所说，"不能设想每个人不能发展，而社会有发展"①，"只要有了人，什么人间奇迹也可以造出来"②。中国共产党始终把培养一代新人作为重要任务。100多年来，党在改造旧社会、建设新社会的历史进程中，重视培养一代又一代新人，开展了大量卓有成效的实践，先后提出"无产革命新人"、"社会主义新人"、"'四有'新人"和"时代新人"等重要论断。③

在新民主主义革命时期，党致力培养无产阶级革命新人。毛泽东同志在土地革命时期即强调："要造就一大批人，这些人是革命的先锋队。这些人具有政治远见。这些人充满着斗争精神和牺牲精神。这些人是胸怀坦白的，忠诚的，积极的，与正直的。这些人不谋私利，惟一的为着民族与社会的解放。"④ 1939年，毛泽东同志提出要培养"抗日救国的先锋"，"每个青年现在必须和过去不同……一定要把旧中国改造为新中国"。⑤ 他认为，要以民族精神教育新后代，实行以抗日救国为目标的新制度、新课程，并提出要面向新的任务、新的世界，培养有新装束和新武器的"文化新军"。在《论联

---

① 《毛泽东文集》第三卷，人民出版社1996年版，第416页。
② 《毛泽东选集》第四卷，人民出版社1991年版，第1512页。
③ 参见栾淳钰：《党的新人观：理论依据、历史生成与现实要求》，《天津日报》2021年5月24日。
④ 《毛泽东 邓小平 江泽民论教育》，中央文献出版社、人民教育出版社、北京师范大学出版社2002年版，第11页。
⑤ 《毛泽东选集》第二卷，人民出版社1991年版，第568、569页。

合政府》中，他指出要建立中国自己的民族的、科学的、人民大众的新文化和新教育，以此培养新民主主义国家需要的大批新人，"对于旧文化工作者、旧教育工作者和旧医生们的态度，是采取适当的方法教育他们，使他们获得新观点、新方法"①。总的看来，在新民主主义革命时期，新人是和建立一个新的民族国家联系在一起的。但这一时期，对于何谓新人，塑造什么样的新人，如何塑造，在理论层面思考得比较多。

在社会主义革命和建设时期，党致力培养社会主义新人与共产主义新人。造就忠于社会主义和共产主义的新人，培养社会主义和共产主义建设者的年轻一代，是新社会制度建设事业不可分割的组成部分。这一时期，新人的指称在不同阶段有较大区别。新中国成立后，一切都是新的，翻身做了主人的人民群众是这个国家的"新人"。在逐步过渡到社会主义社会的条件下，中央提出要培养"社会主义新人"，指出"社会主义的社会制度和高度的生产水平要求它的建设者应是智德体美全面发展的新人"②，社会主义新人不仅是"新生活的继承者，而且是新生活的创造者，更伟大的事业的建树者"③。关于社会主义新人的基本标准，毛泽东同志提出身体好、学习好、工作好，"德育、智育、体育几方面都得到发展，成为有社会主义觉悟的有文化的劳动者"④。1958 年，《中共中央、国务院关于教育工作的指示》明确指出，"共产主义社会的全面发展的新人，就是既有政治觉悟又有文化的、既能从事脑力劳动又能从事体力劳动的人，而不是旧社会的只专不红，脱离生产劳动的资产阶级知识分子"⑤。这是中央首次将"新人"写入公开文件，明确了社会主义的思想觉悟和共产主义的劳动精神是新人的主要标志，教育和生产劳动相结合是培养新人的正确道路。随之，红专学校、半工

---

① 《毛泽东选集》第三卷，人民出版社 1991 年版，第 1083 页。
② 胡克实：《培养社会主义的新人——在第二次全国少年儿童工作会议上的报告》，《人民日报》1954 年 1 月 15 日。
③ 《培养社会主义的新一代》，《人民日报》1954 年 6 月 1 日。
④ 《毛泽东文集》第七卷，人民出版社 1999 年版，第 226 页。
⑤ 《中共中央、国务院关于教育工作的指示》，《人民日报》1958 年 9 月 20 日。

半读学校等群众性办学运动兴起，培养能文能武、又红又专的"新工人"，"新人"成为这一时期新人观的生动实践。1981年，党的十一届六中全会通过了《关于建国以来党的若干历史问题的决议》，明确提出"坚持德智体全面发展、又红又专、知识分子与工人农民相结合、脑力劳动与体力劳动相结合"① 的教育方针政策。总之，社会主义革命和建设时期是党的新人观不断完善发展的重要阶段，虽然在理论和实践上有过曲折探索，但培养了具有坚定正确的政治方向、德智体全面发展、又红又专，热爱社会主义祖国、忠于无产阶级革命事业，有远大革命理想、有共产主义道德品质的一代新人，为社会主义建设事业储备了强大的新人队伍，对顺利解决建设社会主义的任务具有重大意义。

在改革开放和社会主义现代化建设新时期，党致力培养"四有"新人。改革开放标志着我国进入新的历史发展阶段。1978年，邓小平同志在全国教育工作会议上提出人才培养质量标准的问题，强调要"造就具有社会主义觉悟的一代新人，促进整个社会风气的革命化"②。1979年，在第四次文代会上，邓小平同志以"有革命理想和科学态度、有高尚情操和创造能力、有宽阔眼界和求实精神的崭新面貌"③ 概括了新人的基本特征，文学艺术界掀起塑造社会主义新人形象的浪潮。1980年，邓小平同志提出"培养社会主义新人就是政治"④ 的重大命题，强调社会主义新人的使命是为社会主义中国的前途而奋斗，实现人民的利益，捍卫社会主义祖国的荣誉，为社会主义祖国的前途而英勇献身。随后，他先后提出"有理想、有道德、有知识、有体力"⑤"有理想、讲道德、有文化、守纪律"⑥"有理想、有道德、有文

① 《十一届三中全会以来重要文献选读》上册，人民出版社1987年版，第348页。
② 《邓小平文选》第二卷，人民出版社1994年版，第105页。
③ 《邓小平文选》第二卷，人民出版社1994年版，第210页。
④ 《邓小平文选》第二卷，人民出版社1994年版，第256页。
⑤ 《邓小平文选》第二卷，人民出版社1994年版，第369页。
⑥ 《邓小平文选》第二卷，人民出版社1994年版，第408页。

化、有纪律"① 的人才培养目标，逐步发展成完整的"四有"新人思想。在关于"四有"新人的论述中，邓小平同志认为新人的培养要在社会主义现代化建设的实践中进行，要在整个社会造成一个人人向上、奋发有为的良好的社会道德风尚。值得注意的是，邓小平同志认为"四有"新人思想并非抛弃原来的人才培养目标，而是"恢复和发扬我们党和人民的革命传统，培养和树立优良的道德风尚，为建设高度发展的社会主义精神文明做出积极的贡献"②。在培养"四有"新人目标的引导下，在青年中出现了以"振兴中华、实现四化"为目标的爱国主义热潮；以一大批青年改革积极分子的涌现为标志的立志改革、投身改革的热潮；以"崇尚知识、尊重人才"为特征的学习热潮；以"五讲四美三热爱"为内容的建设社会主义精神文明的热潮。从某种意义说，成千上万新人的诞生，是比经济改革更富意义的成果。

中国特色社会主义进入新时代，这是我国发展新的历史方位。面对实现中华民族伟大复兴的历史任务和新时代人才培养新的要求，党和国家对培养社会主义建设者和接班人作出了时代回答。时代新人立足于中国特色社会主义进入新时代这个时代背景，将中华民族伟大复兴的历史使命、爱国主义的传统和朝气蓬勃的新时代结合起来，将"为谁培养人，培养什么样的人，怎样培养人"与"建设什么样的国家、建设什么样的社会、培育什么样的人"进行了理论上的首次链接，是对以往新人观的继承和发展，是我们党对建设中国特色社会主义新的认识突破与理论升华。它既是培育和践行社会主义核心价值观的着力点，也是中国特色社会主义新时代党的育人目标和人才培养理念的集中诠释和表达；既是当代中国人应该追求的一种理想人格，也是青年成长成才的奋斗目标和新时代一流大学的办学目标；更是新时代中国特色社会主义伟大实践的一次重要推进与创新。

① 《邓小平文选》第三卷，人民出版社 1993 年版，第 205 页。
② 《邓小平文选》第二卷，人民出版社 1994 年版，第 209 页。

可以看出，中国共产党自成立以来，在实现中华民族伟大复兴和推进中国特色社会主义伟大事业的历史进程中，对优秀人才的需求一直是客观存在的。党的育人目标根据时代需要不断更新，对"新人"的表述和定义在不断变化。① 从培养青年成为中国革命的先锋队到培养"四有"新人，从培养"四个新一代"到培养担当民族复兴大任的时代新人，中国共产党在 100 余年的革命、建设、改革实践中描绘出了新人在不同历史发展阶段上的应然内涵，这些内涵丰富了时代新人的形象和意蕴，也体现了党的新人观在理念传承的基础上实现了与时俱进。

（二）应然：时代新人呼应人的自由全面发展

时代新人作为新时代的"新人"，它的提出当然有着深厚的理论基础，是对马克思主义关于培养共产主义新人理论和马克思主义人的全面发展理论的继承、丰富和发展，同时也将中国共产党培养"新人"的宝贵实践经验进行了理论升华。

第一，时代新人是马克思主义人的全面发展理论的继承创新。人的全面发展是社会进步之本，是教育的最高境界和终极关怀，也是马克思主义关于人的发展理论的根本问题。在马克思主义经典作家关于新人的论述中，新人不仅是社会形态演变的客体，也是社会生产发展的主体，且指向人的自由全面发展。② 这种自由全面发展的人，就是共产主义新人。马克思指出，共产主义是"以每一个个人的全面而自由的发展为基本原则的社会形式"③。恩格斯所说，"文化上的每一个进步，都是迈向自由的一步"④。可见，发展人的个性和造就社会主义、共产主义新人是统一的，培养新人的过程也是实现

---

① 参见李佳金：《中国共产党培养时代新人的历史经验及启示》，《中国青年社会科学》2021 年第 4 期。

② 参见栾淳钰：《"时代新人"：马克思主义新人观的新发展》，《思想理论教育导刊》2022 年第 5 期。

③ 《马克思恩格斯选集》第 2 卷，人民出版社 2012 年版，第 267 页。

④ 《马克思恩格斯文集》第 9 卷，人民出版社 2009 年版，第 120 页。

人的全面发展的过程。

马克思主义关于人的全面发展理论是时代新人的理论基础，时代新人的基本内涵实质上也就在于其对"人"的本质理解。① 中国共产党在人才培养的过程中，始终把人自身的全面发展放在首位。比如在社会主义革命和建设时期，"多面手"被认为是共产主义社会所需要的"全新的人"，因为"多面手"使人从终身只通一艺、固定一职的束缚中解放出来，获得全面发展，缩小体力劳动与脑力劳动的差别。习近平总书记强调，现代化的最终目标是实现人自由而全面的发展，要培养德智体美劳全面发展的社会主义建设者和接班人。这些都是对人的全面发展的有力探索。可以说，时代新人是时代发展与个体发展的共同需求，是党和国家在追求人的全面发展过程中的阶段性结果，体现了习近平总书记作为马克思主义政治家、思想家、战略家，对实现人的自由而全面的发展这一崇高理想的追求与探索，指明了现阶段促进人的全面发展的目标和要求，也指明了社会全面进步的实现途径。②

第二，时代新人是中国化时代化的马克思主义新人观。人是社会的起点、归宿和目的，社会是以人为中心的社会。马克思主义认为，社会全面进步是与人的全面发展相统一的过程。马克思主义经典作家曾提出"需要新人""创造新人""建设共产主义社会的新一代人""一种全新的人"等关于新人的论述，形成了马克思主义的新人观。马克思主义认为，新人是生产力发展到一定阶段的产物和要求，人的新质的生成归根结底源于生产力的发展。比如恩格斯明确指出，新人是完全不同的人，"全新的人"将是共产主义社会所需要的人，那时"用整个社会的力量来共同经营生产和由此而引起的生产的新发展，也需要一种全新的人，并将创造出这种新人来"③。在恩格斯看来，新人是随着生产方式的改变而产生的，他们不同于传统社会的

<hr>

① 参见魏华：《论"时代新人"的突出特色》，《马克思主义理论学科研究》2019年第5期。

② 参见冯淑萍：《时代新人的基本特质及其培养的着力点》，《思想教育研究》2019年第3期。

③ 《马克思恩格斯全集》第4卷，人民出版社1958年版，第370页。

臣民，而是具有现代性的历史主体，是现代社会的公民。列宁指出，党的基本任务就是"帮助培养和教育劳动群众"①。他认为，党在取得政权后，要特别重视从工人阶级和劳动农民中间发掘新人才，大胆使用新人才，以适应社会主义建设事业的需要，新人应该具有广博的学识、马克思主义思想、集体主义精神和共产主义道德。② 马克思主义关于新人的论述为马克思主义新人观在社会主义国家的具体化提供了理论基础。

时代新人继承了马克思主义新人观的基本观点，特别是延续了马克思主义关于新人社会功能及其与社会诸领域互动关系的基本论断。可以说，马克思主义新人观是时代新人的理论内核。在继承马克思主义新人观的基础上，时代新人面对中国社会历史发展的大背景，在新人的生成上实现三大创新。

一是人的个体价值建立在社会价值上。马克思主义认为，人的本质属性是社会属性，是一切社会关系的总和，"人"、"社会"与"时代"是有机统一的，而且人的社会性价值高于个体性价值。在对社会发展规律的探索中，马克思恩格斯始终认为自然历史过程与人有意识的活动是有机统一的，考察人的主体性应该先承认人是社会的存在物，是"现实的人"，"只有在共同体中，个人才能获得全面发展其才能的手段，也就是说，只有在共同体中才可能有个人自由"③。时代新人将"人"打上时空坐标，人的成长成才都应立足于现实社会生活，其发展应该和国家社会命运与共。正如有学者认为，时代新人的主体性生成必须置于中国特色社会主义的伟大实践中，新时代中国特色社会主义是人的主体性之政治基础，人民性是人之主体性的价值基础。④ 二是人与国家、民族应构建命运共同体。时代新人创造性地从主体性的角度出发，推动主体与国家、民族构建起命运共同体。简而言之，时代新人既统观历史，又面向未来，既尊重个体，又拥抱社会，是新时代教育方

---

① 《列宁选集》第 4 卷，人民出版社 1995 年版，第 303 页。
② 参见《列宁全集》第 37 卷，人民出版社 2017 年版。
③ 《马克思恩格斯选集》第 1 卷，人民出版社 2012 年版，第 199 页。
④ 参见张鲲：《新时代"时代新人"之主体性建构》，《思想教育研究》2018 年第 10 期。

针政策所必须遵循的基本理念。三是时代新人对国家怎样造就新人进行了丰富发展。既然社会主义革命产生的变革不会自动引发人的道德品质发生相应的变化，那么新人的塑造必须由国家有意识地通过教育、文化和宣传思想等多种渠道来实现。

第三，时代新人是中国式教育现代化的理论创新。教育理念是教育实践的先导。人类进入现代社会，社会和教育之间相互作用、相互塑造的关系日渐显著。社会发展必定给教育提出新的要求，而教育又必须以前瞻性的理念培养人才并且引导社会的发展。新中国成立以来，教育理念作为教育方针与教育实践的科学中介，在我国的教育发展进程中发挥着不可或缺的教育价值建构和精神凝聚作用。① 党的十八大以来，以习近平同志为核心的党中央密切关注时代发展的新变化和世界形势的新趋势，对人才培养提出了新要求，不断推进党的人才培养理论创新。2018 年，习近平总书记在全国教育大会上对加快推进教育现代化、建设教育强国、办好人民满意的教育作出了全面部署，他强调，"我国是中国共产党领导的社会主义国家，这就决定了我们的教育必须把培养社会主义建设者和接班人作为根本任务，培养一代又一代拥护中国共产党领导和我国社会主义制度、立志为中国特色社会主义奋斗终身的有用人才"②。这是教育工作的根本任务，也是教育现代化的方向目标。

当前，在以中国式现代化全面推进中华民族伟大复兴的进程中，中国式教育现代化是实现中国式现代化的基础工程和核心保障。中国式教育现代化道路，要坚持以人民为中心，以立德树人为根本任务，促进人的全面发展、人民共同富裕、人与自然和谐发展、人类命运与共。③ 《中国教育现代化2035》提出了推进教育现代化的八大基本理念：更加注重以德为先，更加注重全面发展，更加注重面向人人，更加注重终身学习，更加注重因材施

---

① 参见孙其华：《新时代需要什么样的教育理念——以〈中国教育现代化 2035〉为据》，《江苏教育》2020 年第 18 期。

② 《习近平著作选读》第二卷，人民出版社 2023 年版，第 195 页。

③ 参见张志勇、袁语聪：《中国式教育现代化道路刍议》，《教育研究》2022 年第 10 期。

教，更加注重知行合一，更加注重融合发展，更加注重共建共享。①

正如有学者所言，中国式教育现代化的重要内涵包括本土化，天生就有着强烈的中国基因和社会主义优越性。② 可以说，时代新人正是我们党基于我国经济社会和教育发展在新时代的新变化和新要求，在探索中国式教育现代化的进程中，对人才培养的价值取向、原则遵循、目标追求作出的重大创新，是破解新时代如何育人的理论创新和解决方案。时代新人将"社会主义建设者和接班人"这一党的人才培养目标进行了具体化和时代化，是我们党探索教育发展理论、丰富教育内涵理念、引领教育改革创新、完善教育长远发展的重要战略举措，是对中国特色社会主义人才培养根本遵循的时代回答。③

（三）实然：时代新人事关党和国家事业发展后继有人

教育同国家前途命运紧密相连，教育的目的就是培养社会主义建设者和接班人。党的十九届六中全会通过的《中共中央关于党的百年奋斗重大成就和历史经验的决议》指出："党和人民事业发展需要一代代中国共产党人接续奋斗，必须抓好后继有人这个根本大计。"④ 2022 年 5 月 10 日，在庆祝中国共产主义青年团成立 100 周年大会上，习近平总书记强调，"要立足党的事业后继有人这一根本大计，牢牢把握培养社会主义建设者和接班人这个根本任务，引导广大青年在思想洗礼、在实践锻造中不断增强做中国人的志气、骨气、底气"⑤。2023 年 5 月 29 日，习近平总书记在主持中共中央政治

---

① 参见《中共中央、国务院印发〈中国教育现代化 2035〉》，中国政府网，https://www.gov.cn/xinwen/2019-02/23/content_ 5367987.htm。

② 参见胡中锋、王友涵：《中国式教育现代化的内涵与特征》，《苏州大学学报（教育科学版）》2023 年第 1 期。

③ 参见刘建军：《论"时代新人"的科学内涵》，《思想理论教育》2019 年第 2 期。

④ 《中共中央关于党的百年奋斗重大成就和历史经验的决议》，人民出版社 2021 年版，第 74 页。

⑤ 习近平：《在庆祝中国共产主义青年团成立 100 周年大会上的讲话》，人民出版社 2022 年版，第 9 页。

局第五次集体学习时强调，我们建设教育强国的目的，就是培养一代又一代德智体美劳全面发展的社会主义建设者和接班人，培养一代又一代在社会主义现代化建设中可堪大用、能担重任的栋梁之材，确保党的事业和社会主义现代化强国建设后继有人。

可见，抓好后继有人这个根本大计，培养造就大批担当中华民族伟大复兴时代重任的接班人，这是培养时代新人的现实逻辑，更是中国共产党的执政逻辑。具体来说，可以从三个方面来理解。

第一，培养时代新人是中国式现代化建设的应有之义。作为社会主义现代化建设的主体力量，时代新人主体性的有效发挥，是社会主义现代化建设目标得以实现的重要因素。[①] 一方面，现代化的本质是人的现代化，我国现代化的一个显著特点就是人口规模巨大的现代化，培养现代化的人，提升人的现代化水平，决定着中国式现代化的质量。[②] 可以说，人的现代化是中国式现代化中最关键、最深层、最艰难的工作，是一切现代化建设的前提与基础。党和国家关于时代新人培养的探索与实践，指明了中国式现代化进程中人才培养的方向，为解决人的现代化问题打开了新的视野。另一方面，推进中国式现代化，是一项前无古人的开创性事业，必然会遇到各种可以预料和难以预料的风险挑战、艰难险阻甚至惊涛骇浪。人才是现代化的关键支撑。党的二十大报告指出，教育、科技、人才是全面建设社会主义现代化国家的基础性、战略性支撑。时代新人是建设中国特色社会主义伟大事业、实现中华民族伟大复兴的主体。没有时代新人的奋斗，中国式现代化建设只能成为空谈。

第二，培养时代新人是应对激烈国际竞争的重要手段。国家发展靠人才，民族振兴靠人才。人才是实现民族振兴、赢得国际竞争主动的战略资

---

① 参见徐瑞矫：《社会主义现代化价值目标提升与培育时代新人》，《毛泽东邓小平理论研究》2019 年第 11 期。

② 参见钟登华：《以高质量人才自主培养体系服务中国式现代化建设》，《光明日报》2023 年 5 月 23 日。

源。新时代是中国日益走近世界舞台中央的时代。习近平总书记指出，"我们现在所处的，是一个船到中流浪更急、人到半山路更陡的时候，是一个愈进愈难、愈进愈险而又不进则退、非进不可的时候"①。当前，世界之变、时代之变、历史之变，正以前所未有的方式展开。这种变化调整，不是一时一事、一国一域之变，而是世界百年未有之大变局。各国围绕科技制高点和高端人才的竞争空前激烈，全面提高人才自主培养质量成为抢占发展制高点的关键。我国在许多方面，比如基础研究、"卡脖子"技术等，与世界领先水平依然存在一定差距。面对这种形势，我们必须以更为宏阔的历史视野和更为主动的历史担当谋深谋实为党育人、为国育才工程，培养新一代具有领跑能力，在国际舞台上具有竞争力的创新型人才，才能跃升为科技革命的引领者，进而赢得国际竞争。

第三，培养时代新人是尊重青年发展特点的解决方案。当代青年身处在一个伟大的新时代，这是近代以来久经磨难的中华民族实现从站起来、富起来到强起来的伟大时代。作为"平视世界的一代"，当代青年对国家的发展引以为傲，对祖国文化有深厚的认同感与归属感，自觉立足于中华民族伟大复兴战略全局和世界百年未有之大变局来观察时事、思考自身。与此同时，也要看到新时代的青年也存在一些问题和不足。基于此，如何引导他们更加认同党的领导和我们国家制度，更好地激发青年的主体作用，引导他们服务人民、奉献祖国，成为新时代我国人才培养工作面临的重要任务。

---

① 习近平：《论坚持全面深化改革》，中央文献出版社 2018 年版，第 524 页。

第二章

时代新人培养的高校使命

习近平总书记在 2024 年全国教育大会上强调，建设教育强国是一项复杂的系统工程，需要我们紧紧围绕立德树人这个根本任务，着眼于培养德智体美劳全面发展的社会主义建设者和接班人。高校是党和国家人才培养的主阵地、主力军、最前沿，是人才资源、科技生产力、创新动力和文化软实力的重要结合点，肩负着培养担当民族复兴大任时代新人的重大责任，必须始终坚守为党育人、为国育才的崇高使命，提高人才自主培养质量，强化人才供给自主可控能力，把握大势，敢于担当，善于作为，为服务国家富强、民族复兴、人民幸福贡献强大力量。

第一节　高校培养时代新人的重要意义

学校是人才培养的主阵地，高校是人才培养的制高点。培养担当民族复兴大任的时代新人是党和国家事业发展的要求，是民族复兴之基，是高校立身之本，也是高校师生发展之需。高校要切实增强政治责任感和历史使命感，坚持把时代新人培养作为衡量高校一切工作的根本标准、价值尺度。

一、培养时代新人是党和国家事业永续发展的战略之举

我们党立志于中华民族千秋伟业，必须培养一代又一代拥护中国共产党领导和我国社会主义制度、立志为中国特色社会主义事业奋斗终身的有用人才。培养担当民族复兴大任的时代新人，事关党和国家事业发展，事关民族复兴后继有人。高等教育作为衡量国家发展水平、发展潜力的重要标志，高校作为培养党和国家事业发展接班人的"大学堂""象牙塔"，必须更好地担负应对世界之变、时代之变和历史之变的现实环境，服务党和国家事业永续发展大局，统筹全局、引领变局、开创新局，努力实现变中求进、变中突破、变中取胜。

当今世界正面临百年未有之大变局，国际竞争日趋激烈，国际格局加速演变，国际体系深度调整，国际治理深刻变革，新科技革命如日方升，人类文明发展多样性方兴未艾。世界范围呈现人工智能技术快速发展、全球人口增长呈现结构性变化等影响人类历史进程和趋向的重大态势。人才培养成为国际竞争的重要焦点，培养符合国家需要、时代要求的专业性、创新性人才成为世界各国面临的共同议题。习近平总书记强调，当今世界的综合国力竞争，说到底是人才竞争，人才越来越成为推动经济社会发展的战略性资源，教育的基础性、先导性、全局性地位和作用更加凸显。

中国这么多人，教育上去了，将来人才就会像井喷一样涌现出来，这是最有竞争力的。纵观世界历史，现代化强国的崛起之路，无一不与教育的兴盛紧密相连。无论是硬实力还是软实力，归根到底要靠人才实力，要靠教育实力。面对全方位升级的国际竞争，我们要坚持优先发展教育事业，从推动党和国家事业发展重要先手棋的战略高度，突出教育的基础性、先导性、全局性地位和作用，在百年变局中掌握历史主动。

认识和把握世界百年未有之大变局，归根结底要服务于中华民族伟大复兴这一战略全局，服务于全面建设社会主义现代化国家这一历史使命。当

前，我国已开启全面建设社会主义现代化国家新征程。我们比历史上任何一个时候都更加接近实现中华民族伟大复兴的宏伟目标，对专业性复合型高层次人才的战略需求也比以往任何时候都更为迫切。人民群众对更加公平、更高质量教育的期待越迫切，教育的基础性、先导性、全局性地位和作用就越加凸显。进入新时代，中国正加快向创新型国家前列迈进，这就要求教育必须着眼未来，抓紧培养能够适应和引领未来发展的一代新人，特别是培养集聚大批拔尖创新人才，加快实现我国整体科技水平从跟跑向并跑、领跑的战略性转变。进入新时代，中国正加快实现向经济强国的跨越，这就要求教育必须充分发挥人力资源和人才资源开发的长效作用，不断促进我国经济发展动能由要素驱动、投资驱动向创新驱动转换。进入新时代，中国正在建设社会主义文化强国，这就要求教育必须充分发挥在坚持社会主义核心价值体系、培育和践行社会主义核心价值观中的基础作用，传承和弘扬中华优秀传统文化，吸收人类文明有益成果，不断增强国家文化软实力。

回首人类高等教育的发展历史，人类每一次产业技术革命都会与教育发展变革相伴相随。当前，高等教育正发生新的深刻变革。

一是从规模化转向个性化。工业时代，以班级授课为核心的规模化的现代学校教育，培养了大批适应工业文明发展的人力资源，教育开始实现从"贵族教育""精英教育"向"大众教育"的转变。随着信息技术的发展，教育正走向泛在式、分散式、数字化、网络化、远程化、个性化，更加注重从学历转向学力、能力的培养。

二是从模块化转向智能化。工业时代的教育旨在通过模块化教学传输新知识、新技能，培养工业应用型人才。当前，以云计算、大数据、人工智能和移动互联网为代表的现代信息技术席卷全球，深刻地改变着人类社会的经济发展形态、人际交往模式、文化传承方式、生产生活方式以及学习方式。我们正处于新的教育变革关口。特别是以 ChatGPT 为代表的人工智能通用模型，可能引发高等教育颠覆性的重塑，"引领高校在课程设计、教学模式、师生关系、考试评价、教学组织和管理体制等方面重大变革"①。

三是从精英化转向普及化。统计显示，我国目前建成世界最大规模高等教育体系，在学总人数超过 4430 万人，高等教育毛入学率接近 60%，高等教育进入世界公认的普及化阶段。② 高校人才培养必须基于高等教育普及化这一新的发展格局，不断创新人才培养模式，提高人才综合素质，培养专业性、创新性、复合型人才，为全面建设社会主义现代化国家、实现中华民族伟大复兴贡献更强大的力量。

二、培养时代新人是高校的应尽之责

习近平总书记指出："高校立身之本在于立德树人。"③ 我国高校不仅承载着传播知识、传播思想、传播真理的功能，还承载着塑造灵魂、塑造生命、塑造新人的重任，要坚持把立德树人作为根本任务，培养一代又一代拥护中国共产党领导和我国社会主义制度、立志为中国特色社会主义事业奋斗终身的有用人才。

（一）履行高校职责使命

十年树木，百年树人。中华民族迎来了从站起来、富起来到强起来的伟大飞跃。高等教育的地位愈显突出，大学所肩负的发展重任愈显重大。高校作为人才高地、科研重地和创新策源地，肩负着人才培养、科学研究、社会服务、文化传承创新和国际交流合作的重要职能。立德树人是高校的立身之本，培养时代新人是高校的时代使命，高校作为培养人、造就人的主体，其首要职能还在于人才培养，其第一要务还在于提高人才培养质量。高校是国

---

① 钟秉林：《ChatGPT 热潮下的高校教育教学改革》，《重庆高教研究》2023 年第 11 期。

② 参见晋浩天：《历史性成就 格局性变化——我国高等教育十年发展振奋人心》，《光明日报》2022 年 5 月 18 日。

③ 《习近平谈治国理政》第二卷，外文出版社 2017 年版，第 377 页。

家高端人才培养的重要场所，拥有丰富的教育资源、强大的科研能力和优质的师资力量，人才培养质量是衡量高校办学水平的重要标尺。高校的人才培养质量直接关系到学校的办学声誉和办学影响力。高校在时代新人培养过程中具备其他组织无法比拟的现实优势。通过高校系统的培养，学生才能够成为具备扎实知识基础、创新思维和实践能力，"有理想、有本领、有担当"的时代新人。

（二）实现高校自身发展

人才培养是大学之本，人才培养质量是大学的生命线，人才培养模式更是大学最为核心的竞争力。高校作为教育机构，其发展离不开优秀的学生和人才。培养时代新人关系到高校的办学声誉和办学影响力。纵观国际上各类高校人才培养模式，无论是德国的研究型大学、美国的创新型大学、英国的文理书院，都十分重视人才培养工作，并以人才培养质量带动科研创新、科教融合各项工作。在当前日趋激烈的高等教育竞争格局下，国内外高校在人才培养中都更加重视把学生人格养成、知识学习和能力训练有机统一整合，面向人的全面发展打造优质的教育体系，回归教育本源、实现人的全面发展。因此，我国高校应该将培养时代新人作为自身发展的战略目标，提升教育质量和教学水平，既传授学生知识，又增强学生能力，引导学生树立正确的世界观、人生观、价值观，教育引导学生在坚定理想信念上下功夫，在厚植爱国主义情怀上下功夫，在加强品德修养上下功夫，在增长知识见识上下功夫，在培养奋斗精神上下功夫，在增强综合素质上下功夫，把自己的理想同祖国的前途、把自己的人生同民族的命运紧密联系在一起，勇敢地肩负起时代赋予的光荣使命。

（三）破解高校发展难题

高等教育发展水平是一个国家发展水平和发展潜力的重要标志。实现中华民族伟大复兴，教育的地位和作用不可忽视。我们对高等教育的需要比以往任何时候都更加迫切，对科学知识和卓越人才的渴求比以往任何时候都更加强烈。近年来，我国高等教育事业取得了一定的阶段性成果，但我国高等教育的整体实力和世界一流相比还有一定差距，同党和人民事业发展要求相比，同我国综合国力和国际地位相比，在学科建设、学术研究、教学管理、治理机制、人才培养等方面还存在一定差距，不平衡不充分的问题还比较突出。例如，高层次拔尖创新人才培养能力不足；基础研究、原始创新能力不足；教学模式相对单一；学生动手实践能力有待加强等。当前，我国高等教育重点领域关键环节改革任务仍然艰巨，创新能力不足，关键核心技术仍然存在"卡脖子"问题。为此，我们要以更为宏阔的历史视野和更为全面的战略谋划推进时代新人培养工程，以时代新人培养为牵引，破解高校发展过程的现实问题，努力打造我国拔尖创新人才自主培养、高水平科技自立自强、中国自主知识体系建构的战略基地。

三、培养时代新人是青年学生自身发展的现实之策

时代新人符合新时代人才全面发展的需要，对促进人的全面发展具有很强的实践价值，为解决人的现代化问题打开了新的视野。

（一）促进人的全面发展

马克思认为，人的全面发展必然是"以一种全面的方式，也就是说，作为一个完整的人，占有自己的全面的本质"①。人不仅是发展的手段，更是发展的目的。推动人的全面发展是马克思主义教育理论的基本观点。中国共产党全面继承了马克思主义关于人的全面发展的教育理念，并将其充分体现在党的教育方针、教育政策之中，从培养目标、培养方式、培养举措等方面全面贯彻人的全面发展理念。进入新时代，以习近平同志为核心的党中央

---

① 《马克思恩格斯全集》第42卷，人民出版社1979年版，第123页。

站在关系党和国家事业发展全局高度，站在全面建设社会主义现代化国家的战略高度，系统审视教育工作在促进人的全面发展、以人的现代化助推中国式现代化的重要作用，强调"努力构建德智体美劳全面培养的教育体系，形成更高水平的人才培养体系"①。并结合中国社会的新发展阶段和当代青年的具体特点，将"有理想、有本领、有担当"进一步细化，强调青年成长要在坚定理想信念、厚植爱国主义情怀、加强品德修养、增长知识见识、培养奋斗精神和增强综合素质等六个方面下功夫，实现德智体美劳全面发展。因此，培养时代新人是促进人的全面发展的主体工程，塑造时代新人的过程也是实现人的全面发展的过程。

（二）提高国民整体素质

国民素质是国家软实力的重要体现，也是综合国力和国际竞争力的重要组成部分。时代新人的培养将更加注重增强学生的综合素质和能力，提升学生的道德素养、科学素养、文化素养、体育素养等多方面能力素质，增强学生的思想觉悟、道德水准、文明素养。此外，时代新人将具备更强创新能力。习近平总书记强调，时代新人应当勇于开拓，敢于创新，努力争当具有国际水平的战略科技人才、科技领军人才、青年科技人才和高水平创新团队，为建设科技强国、质量强国、航天强国、网络强国、交通强国、数字中国、智慧社会提供有力支撑。创新既是青春远航的动力，也是时代新人的重要基色。通过系统培养学生的创新能力，激发创新思维，开展创新实践，学生的综合能力将显著增强。因此，时代新人的培养将从根本上提升国民整体素质，使其具备更加完备的能力素养。

（三）实现青年自我价值

大学生作为时代新人的重要群体，也是推动国家发展、社会进步的中坚

---

① 《习近平著作选读》第二卷，人民出版社 2023 年版，第 203 页。

力量。从个体层面来说，时代新人的培养将在更大程度上助力青年学生实现人生理想、自我价值。青年一代有理想、有本领、有担当，国家就有前途，民族就有希望。首先，青年学生要以"有理想"筑牢自我价值实现的信仰之基。时代洪流，浩浩荡荡。个体唯有把握时代机遇，成长为与时代发展需要相契合的德才兼备者，实现自我主体性与社会性的辩证统一，将建功立业与成就自我相结合，才可谓是时代新人。青年学生要实现自我价值，就必须顺应历史发展趋势，坚定共产主义远大理想和中国特色社会主义共同理想，主动融入全面建设社会主义现代化国家的事业洪流，在全面推进中华民族伟大复兴的伟大征程中顽强奋斗、担当作为。其次，青年学生要以"强本领"增强自我价值实现的能力之维。在科学技术快速发展、信息革命深度演进的当下，知识迭代不断加速，社会分工日益细化，新技术、新业态、新模式层出不穷，对时代新人的素质和能力提出了更高要求。时代新人是具有完备素养能力和卓越创新精神的奋进者、开拓者，应当具备完备的专业知识体系、高尚的品格修养、高超的日常实践技能、强大的创新创造能力和自觉的终身学习意识，具备更好的竞争力和适应力。最后，青年学生要以"展担当"成就自我价值实现的实干之行。一代人有一代人的长征，一代人有一代人的担当。培养有担当的时代新人是实现民族复兴历史使命的必然要求。中华民族伟大复兴绝不是轻轻松松、敲锣打鼓就能实现的，而需要准备付出更为艰巨、更为艰苦的努力。青年学生群体是民族复兴的最大获益者，更应该成为推进这一伟大历史进程的贡献者、担当者，在民族复兴伟大征程中，知重负重、担责负责，做到敢于担当而不回避推诿，勤于担当而不消极懈怠，善于担当而不庸碌无为。

第二节　高校时代新人培养的主要任务

高校培养时代新人，就是在落实立德树人根本任务的基础上，通过教育引导、实践养成、制度保障等手段，更加强化用习近平新时代中国特色社会主义思想铸魂育人，更加聚焦时代新人的共同特质，使大学生具备担当民族复兴大任的各项素质素养，更好完成使命任务。

一、守好高校意识形态前沿阵地

习近平总书记指出："意识形态工作是党的一项极端重要的工作，是为国家立心、为民族立魂的工作。"① "宣传思想工作就是要巩固马克思主义在意识形态领域的指导地位，巩固全党全国人民团结奋斗的共同思想基础。"② 高校是意识形态工作的前沿阵地，是思想聚集地，是专业技术人才汇集的智力高地，也是培养未来各类专门人才的育人园地，承担着人才培养、科学研究、社会服务、文化传承创新和国际交流合作等职能，肩负着学习研究宣传马克思主义、培育和弘扬社会主义核心价值观、为全面建成社会主义现代化强国提供人才保障和智力支持的重要任务。守好高校意识形态前沿阵地，筑牢高校意识形态安全屏障，是高校落实时代新人培养任务的基本要求。

（一）巩固马克思主义在高校意识形态领域的指导地位

马克思主义是我们立党立国、兴党强国的根本指导思想，是社会主义意识形态的旗帜和灵魂，也是我国大学最鲜亮的底色。高校肩负着学习研究宣传马克思主义、培养中国特色社会主义事业合格建设者和可靠接班人的重大任务。能否坚持马克思主义的指导地位，事关高校办学方向是否正确，事关立德树人根本任务是否落实，事关党的前途命运，事关国家长治久安，事关民族凝聚力和向心力。我们要从政治高度、战略维度充分认识意识形态工作在高校工作中的重要地位，旗帜鲜明地将马克思主义立场观点方法贯穿于高

---

① 《习近平关于社会主义精神文明建设论述摘编》，中央文献出版社 2022 年版，第 85 页。
② 《习近平谈治国理政》第一卷，外文出版社 2018 年版，第 153 页。

校办学治校全过程、各方面，帮助广大青少学生扣好人生第一粒扣子，更好担当起民族复兴大任。

一是坚持加强马克思主义理论学习、研究、宣传。马克思主义是党和国家事业发展的科学指南。习近平总书记指出，"办好我们的高校，必须坚持以马克思主义为指导，全面贯彻党的教育方针。要坚持不懈传播马克思主义科学理论，抓好马克思主义理论教育"①，强调高校要成为马克思主义学习、研究、宣传的重要阵地。首先，高校要强化马克思主义理论学习。青少年阶段是人生的"拔节孕穗期"，是塑造世界观、人生观、价值观的关键时期。马克思主义理论作为由马克思主义哲学、马克思主义政治经济学和科学社会主义构成的，经过实践充分检验的科学的理论体系，兼具科学性、人民性、实践性、开放性。高校要持续强化青年学生马克思主义理论学习，培养和造就新时代青年马克思主义者，教育引导广大青年从先进理论中汲取真理力量、锻造强大信仰，以真理之光指引前行之路。其次，要强化马克思主义理论研究。高校作为党和国家马克思主义专业人才培养、科学研究的重要基地、主要阵地、发展高地，要持续深化内涵式高质量马克思主义学院建设，在推动马克思主义理论人才培养和学术研究中发挥核心作用。坚持"马院姓马，在马言马"的培养原则，切实提升马克思主义理论研究的学术洞见、世界眼光、现实观照和问题意识，用理论之光点亮学生信仰之灯。最后，要强化马克思主义理论宣传。高校既是马克思主义理论研究的学术高地，更是我们党的马克思主义理论宣传阵地，要持续推动构建理论传播矩阵，组织开展多层次、多渠道、多样式的理论传播，让理论引领师生。

二是坚持以习近平新时代中国特色社会主义思想铸魂育人。中国共产党为什么能，中国特色社会主义为什么好，归根到底是马克思主义行，是中国化时代化的马克思主义行。党的十八大以来，在习近平新时代中国特色社会主义思想科学指引下，我国高等教育事业取得历史性成就、发生历史性变

———————————

① 《习近平谈治国理政》第二卷，外文出版社 2017 年版，第 377 页。

革。坚持巩固马克思主义在高校意识形态领域的指导地位，必须坚持把马克思主义基本原理同中国具体实际相结合。习近平新时代中国特色社会主义思想是马克思主义中国化的最新成果，也是新时代高校必须坚持的行动指南和行动纲领。高校必须着力推进习近平新时代中国特色社会主义思想进教材、进课堂、进头脑，引导学生树立坚定的理想信念，永远听党话、跟党走，矢志奉献国家和人民。首先，要用好铸魂育人的理论武器。马克思主义这一理论武器一经群众掌握，就会焕发出真理的光芒，转化为强大的物质力量。高校要坚持不懈用习近平新时代中国特色社会主义思想铸魂育人，既解决青年学生思想认识问题，也解决实践锻炼问题，教育引导青年学生自觉增强中国特色社会主义政治认同、思想认同、理论认同、情感认同，学会运用马克思主义立场观点方法分析问题、解决问题，在改造客观世界的同时改造主观世界。其次，要办好立德树人的关键课程。思想政治理论课是落实立德树人根本任务的关键课程，是对学生进行系统的马克思主义理论教育的主渠道。高校要着力引导广大学生深刻领悟习近平新时代中国特色社会主义思想的核心要义、精神实质、丰富内涵、实践要求，深刻把握其理论逻辑、历史逻辑、实践逻辑。最后，要建好勇担使命的教师队伍。打造一支政治强、情怀深、思维新、视野广、自律严、人格正的教师队伍，是实现铸魂育人教育成效的关键。高校要严格按照核定标准配备思政课教师，多措并举提升思政课教师专业素质，引导思政课教师传播知识、传播思想、传播真理，塑造灵魂、塑造生命、塑造新人。

三是坚持以马克思主义思想引领社会思潮。当前，世界百年未有之大变局加速演进，世界之变、时代之变、历史之变更加显著，世界进入新的动荡变革期。意识形态和价值观成为影响国际关系的重要因素。从高等教育而言，高校是社会思想的孵化器，既生产知识也消费知识，既生产思想也消费思想。因此，高校也是西方敌对势力对我进行意识形态渗透的重点，新形势下高校意识形态安全形势更加复杂严峻。从古今中外的历史经验和教训来看，高校一旦出现意识形态安全问题，就是全局性问题、致命性问题。因此，高校在培养中国特色社会主义事业建设者和接班人，培养堪当民族复兴大任的时代新人的过程中，必须守好意识形态前沿阵地，营造安全稳固的育人环境。高校作为意识形态斗争的前沿阵地，要坚持马克思主义立场观点方法，旗帜鲜明地揭示、批判错误社会思潮的本质和危害，教育引导师生澄清模糊认识，廓清思想迷雾，站稳政治立场。高校党委要做好意识形态工作，切实担负起政治责任和领导责任，把坚持马克思主义在意识形态领域的指导地位摆在首要位置，切实增强政治判断力、政治领悟力和政治执行力，做到守土有责、守土负责、守土尽责，敢抓敢管、善抓善管。

（二）巩固高校师生团结奋斗的共同思想基础

党的二十大报告强调，团结奋斗是中国人民创造历史伟业的必由之路。共同思想基础越牢固，凝聚的共识就越广泛，就越能汇聚起为共同目标团结奋斗的磅礴力量。共同思想基础，对于一个政党、一个国家、一个民族的生存发展来说，至关重要。高校要从民主决策、宣传引导、统一战线等方面持续发力，打牢共同思想政治基础、广泛凝聚共识，引导青年学生坚持实事求是的思想路线，培育志存高远的精神境界、自强不息的人生态度、强国有我的担当作为，担复兴大任，做时代新人。

一是优化内部治理结构，构建民主参与的共同治理。高校要持续优化内部治理体系，建立科学的决策机制、高效的执行机制、完善的监督机制，在决策过程中要充分发挥党委领导、校长负责、教授治学、师生参与的作用，推进学校内部治理不断健全，管理手段改革创新，决策方式科学民主，治理效能充分释放，不断激发学校活力，提升办学实力。例如，要充分发挥教代会、学术委员会、学位委员会、学生会等机制作用，积极吸纳师生广泛参与学校治理、校园管理，推动形成党委领导下多元共治的高校治理格局。此外，要积极拓展师生参与高校治理途径、渠道，充分运用数字化、信息化手段，加快建设意见征集平台、互动交流平台、信访交办平台和民主决策平台，更加广泛征求师生意见，增强高校治理的民主性、互动性、包容性和现代性。

二是强化宣传教育引导，守护团结发展的共同事业。高校宣传思想工作要自觉承担起举旗帜、聚民心、育新人、兴文化、展形象的使命任务，强信心、聚民心、暖人心、筑同心。首先，要做大做强正面宣传。高校要坚持正面宣传为主，为学校改革发展团结稳定鼓劲。要积极顺应媒体格局深刻变革，牢牢把握正确导向，提升新闻宣传水平，构建新媒体时代宣传工作大平台，把握好时、度、效，弘扬主旋律，传播正能量，占领信息传播制高点，奏响时代发展最强音。其次，要立心铸魂、成风化人。习近平总书记强调，"对一个民族、一个国家来说，最持久、最深层的力量是全社会共同认可的核心价值观"①。高校要紧抓培育和弘扬社会主义核心价值观这个凝魂聚气、强基固本的基础工程，坚持贯穿融入、落细落小落实，充分发挥社会主义核心价值观的引领作用，使社会主义核心价值观的影响像空气一样无所不在、无时不有。再次，要坚定文化自觉、文化自强。将社会主义核心价值观教育熔铸于大学生思想政治教育中，充分发挥中华优秀传统文化、革命文化和社会主义先进文化的浸润作用，打造文化品牌，弘扬大学精神，"让文化的力量深深熔铸在民族的凝聚力、生命力和创造力之中，引领人才培养的方向"②。最后，要强化网络空间治理。互联网作为新闻集散地、观点集散地和民意集散地，在教育青年学生认同主流价值、培养责任意识、履行社会责任、引导成长成才过程中具有不可替代的重要作用，是不容忽视的教育媒介。当代高校学生群体都是"网络原住民"，网络表达意愿强，网络参与程度高。青年在哪里，我们的宣传教育引导就要跟到哪里。高校要落实"正能量是总要求、管得住是硬道理、用得好是真本事"的总要求，充分尊重学生的主体地位，尊重学生的成长规律，深刻把握高校舆情工作的特点，因事而化、因时而进、因势而新，围绕学生、关心学生、服务学生，提升网络

① 《习近平谈治国理政》第一卷，外文出版社 2018 年版，第 168 页。
② 靳诺：《牢牢把握高校宣传思想工作的主要任务》，《中国教育报》2015 年 2 月 3 日。

舆论引导和教育能力，提高学生思想水平、政治觉悟、道德品质、文化素养，让学生成为德才兼备、全面发展的人才，落实立德树人根本任务。

三是深化统一战线工作，铸牢中华民族共同体意识。统一战线是我们党团结一切可以团结的力量，夺取革命、建设和改革事业胜利的重要法宝，也是中国共产党执政兴国的重要法宝。高校的党外知识分子相对集中、人才荟萃、智力密集，是统战工作的重要领域。高校要结合新形势、新任务、新要求，持续深化统一战线工作，发挥统战优势，团结多方力量，寻求最大公约数，画出最大同心圆，让统战工作服务于培养担当民族复兴大任的时代新人。首先，要充分发挥统战工作民主监督、建言献策作用。高校要充分发挥民主党派、无党派等知识群体专业优势，引导其围绕人才培养、科学研究等重点工作开展调查研究、建言献策，有效履行党外人士的工作职责，切实增强其对我们党的向心力、凝聚力。其次，要发挥统战工作协调关系、化解矛盾的功能优势。统战工作有着"求同存异、肝胆相照"的传承遵循。高校作为知识集散地、思想聚集地，不同人会有不同观点、不同意见、不同诉求，十分正常，要坚持"求同存异、体谅包容"的基本原则，营造宽松理性、活泼有序的统战氛围，通过开展系列工作，协调关系、化解矛盾、消除隔阂，为时代新人培养营造宽松和谐的良好氛围。最后，要发挥统战工作牵线搭桥、内引外联的组织优势。高校统战工作点多、线长、面广，覆盖领域十分广泛，要着力加强党外知识分子工作，持续推进党外代表人士队伍建设，做好民主党派和无党派人士工作，进一步做好民族、宗教工作，推进港澳台和海外统战工作，铸牢中华民族共同体意识，汇聚同心筑梦的磅礴力量。

二、构建高质量人才培养体系

立德树人是高校的立身之本，人才培养是高校的根本任务。高校的教育活动从根本上讲是一项社会实践活动，以提升人的积极性、主动性、创造性，促进人的全面发展为价值旨归。高校要以党和国家发展的战略需求为出发点，适应大学生现实的思想品德状况，从精神层面着手，着眼于学生的思想水平、政治觉悟、道德品质，引导大学生具备成长为时代新人的思想政治素质和道德素质。

（一）目标要求："三有标准"

党的十八大以来，习近平总书记在多个场合强调青年学生要有理想、有本领、有担当，足见"有理想、有本领、有担当"是党中央对时代新人培养的重要标准和要求。首先，理想信念是成人之基。理想指引人生方向，信念决定事业成败。理想信念是青年学生思想和行动的"总开关"，是青年的"精神之钙"，是学生"事业和人生的灯塔"，决定着青年学生的方向、立场、言论和行动。高校应坚持把马克思主义理论及其中国化时代化最新成果融入人才培养全过程，坚持以习近平新时代中国特色社会主义思想武装青年、感召青年、引领青年，不断提高青年学生对中国特色社会主义共同理想和共产主义远大理想的政治认同、思想认同、理论认同、情感认同，着力于培养有理想的时代新人。其次，才干本领是成事之要。才干本领是青年学生的"内功"，高校担当培育时代新人的使命，就要着力增强大学生的才干本领，引导大学生勇于实践，将理论学习与实践锻炼结合起来，将知识学习与本领提升紧密结合起来，积极投身于全面建设社会主义现代化国家的伟大实践，在实践中深化知识认知，磨炼意志品质，增长才干学识，促进知行合一，助力学生成人、成长、成才。最后，担当作为是立身之本。担当是中华民族的优良传统，时代新人应当兼具民族气质和世界情怀，既具备担当民族复兴大任的家国情怀，也拥有为全人类谋幸福的世界关怀。高校要教育引导青年学生勇于担当作为，"面对大是大非敢于亮剑，面对矛盾敢于迎难而上，面对危机敢于挺身而出，面对失误敢于承担责任，面对歪风邪气敢于坚决斗争"①。同时，培养青年学生胸怀天下的世界情怀，始终站在历史正确的一

---

① 《十八大以来重要文献选编》（上），中央文献出版社 2014 年版，第 338 页。

边，站在人类进步力量的一边，为解决全球治理问题，构建人类命运共同体，发出中国声音，提出中国方案。

（二）政治要求："四个服务"

2016 年 12 月，习近平总书记在全国高校思想政治工作会议上强调，"我国有独特的历史、独特的文化、独特的国情，决定了我国必须走自己的高等教育发展道路，扎实办好中国特色社会主义高校。我国高等教育发展方向要同我国发展的现实目标和未来方向紧密联系在一起，为人民服务，为中国共产党治国理政服务，为巩固和发展中国特色社会主义制度服务，为改革开放和社会主义现代化建设服务"①。首先，为人民服务是高校人才培养必须明确的根本旨归，也是社会主义底色在高校人才培养工作中的现实体现。人民立场是中国共产党根本政治立场。高等教育是我们党的重要事业，坚持教育为人民服务，最根本的就在于在更高水平上满足人民群众对更高质量高等教育的需要，以更高水平人才培养体系，提升学生的核心价值、必备品格和关键能力，给每个青年学生人生出彩、奉献家庭和服务社会的机会，增强人民群众在高等教育事业上的获得感、幸福感。其次，为中国共产党治国理政服务是高校人才培养必须具备的责任担当。中国共产党是领导我们事业的核心力量，我国高校是中国共产党领导下的社会主义高校。要通过高等教育人才培养改革发展，聚焦举旗帜、聚民心、育新人、兴文化、展形象，建设具有强大引领力和向心力的社会主义意识形态，不断巩固党的执政基础。再次，为巩固和发展中国特色社会主义制度服务是高校人才培养必须坚持的价值取向。中国特色社会主义制度是当代中国发展进步的根本制度保障，具有鲜明的中国特色、明显的制度优势和强大的自我完善能力。高校要通过人才培养工作增进青年学生制度自信，培养中国特色社会主义事业建设者、接班人。同时，通过发挥人才培养重要作用，促进中国特色社会主义制度更加成

---

① 《习近平谈治国理政》第二卷，外文出版社 2017 年版，第 376—377 页。

熟、更加完善。最后，为改革开放和社会主义现代化建设服务是高校人才培养必须遵循的价值尺度。只有社会主义才能救中国，只有改革开放才能更好地发展中国。高校要聚焦改革开放和社会主义现代化国家建设中的战略方向、前沿领域，培养党和国家需要的各类人才，要从推进国家治理体系和治理能力现代化的高度，为国家事业发展提供智力支持。

（三）内涵要求："五育并举"

高校要着力构建"五育并举"的人才培养体系，培养德智体美劳全面发展的社会主义建设者和接班人。德智体美劳全面发展教育目标的提出，具有时代性、现实性。新时代赋予了人才培养"五育"新内涵。从"德智体美"到"德智体美劳"，将劳动教育重新确立为我国教育的目标之一，意味着党和国家对高等教育在经济社会发展中的作用有了更加明确清晰的定位，也使得我国高等教育的培养目标更为完备。劳动是人类的本质活动，是一切幸福的来源。劳动教育是社会主义高校人才培养的重要内容，直接决定着社会主义事业建设者和接班人的劳动精神面貌、劳动价值取向和劳动技能水平。高校要创新人才培养模式，丰富人才培养内涵，大力开展劳动教育。一方面，通过多种方式教育引导学生尊重劳动、崇尚劳动、热爱劳动，以劳树德、以劳增智、以劳强体、以劳育美，强化马克思主义劳动观教育，增强对劳动创造幸福的理性认知、实践自觉，让学生懂得劳动最光荣、劳动最崇高、劳动最伟大、劳动最美丽的道理。另一方面，组织开展丰富多彩的劳动实践，巩固良好日常生活劳动习惯，提高劳动自立自强能力，强化服务性劳动，开展生产劳动锻炼，参加实习实训，教育引导学生在劳动中体现价值、展现风采、感受快乐。

（四）方法要求："六个下功夫"

青年学生的素质和本领直接影响着中华民族伟大复兴的实现进程。时代新人的培养必须围绕新时代历史任务、历史进程有序推进。习近平总书记要求高校人才培养要在坚定理想信念、厚植爱国主义情怀、加强品德修养、增长知识见识、培养奋斗精神、增强综合素质六个方面下功夫。一是把握人才培养的信仰关，在坚定理想信念上下功夫。习近平总书记指出，培养时代新人，重中之重是要以坚定的理想信念筑牢精神之基。高校要通过不断深化"五史"教育，教育引导青年学生树立共产主义远大理想和中国特色社会主义共同理想，立志于肩负民族复兴的时代重任。二是把握人才培养的思想关，在厚植爱国主义情怀上下功夫。爱国，是人最深层、最持久的情感，是一个人的立德之源、立功之本。爱国主义是中华民族精神的核心。要把爱国主义精神融入高校教育的全过程、各方面，引导学生树立正确的历史观、民族观、国家观、文化观，了解民族历史，增强爱国心，树立强国志，勇担报国行。三是把握人才培养的价值关，在加强品德修养上下功夫。高校要教育引导青年学生培育和践行社会主义核心价值观，明大德、守公德、修私德、扬美德，爱党爱国爱民，慎独慎微慎始。四是把握人才培养的能力关，在增长知识见识上下功夫。学如弓弩，才如箭镞，识以领之，方能中鹄。青年学生正处于人生中的黄金时期，要始终把学习当作一种责任、一种精神追求、一种生活方式，让勤奋学习成为青春远航的动力，让增长本领成为青春搏击的能量。五是把握人才培养的担当关，在培养奋斗精神上下功夫。社会主义是干出来的，新时代也是干出来的。高校要大力开展时代使命和责任教育，引导青年学生志不求易、事不避难，志存高远、知行合一，立鸿鹄志，做奋斗者。六是把握人才培养的全面关，在增强综合素质上下功夫。担当民族复兴大任的时代新人应该是德智体美劳全面发展的群体，高校应着力于培养具备高尚的品格、创新的思维、健康的体魄、高洁的审美和良好的劳动习惯的人才，引导青年学生以昂扬的姿态走在时代前列，以艰苦奋进的状态书写人生华章。

三、培养学生原始创新能力

习近平总书记强调，科学研究要"坚持面向世界科技前沿、面向经济主战场、面向国家重大需求、面向人民生命健康，不断向科学技术广度和深度进军"①。高校要坚持把发展科技生产力、培养人才资源、增强创新动力有机结合起来，坚持以高质量基础研究推动高水平科技自立自强，以中国特色新型智库建设提升主导权话语权，以产学研协同提升创新体系效能，把握大势、抢占先机，迎难而上，瞄准科技前沿，紧跟社会前进步伐，开展高质量科学研究，肩负起历史重任、时代使命。

（一）以高质量基础研究推动高水平科技自立自强

"加强基础研究，是实现高水平科技自立自强的迫切要求，是建设世界科技强国的必由之路。"② 当前，世界范围内新一轮科技革命和产业变革方兴未艾，学科交叉融合不断推进，科学研究范式发生深刻变革，科学技术和经济社会发展加速渗透融合，基础研究转化周期明显缩短，国际科技竞争向基础前沿前移。近年来，以 ChatGPT 技术为代表的人工智能技术、以超导材料为代表的材料技术和以可控核聚变为代表的能源技术如日方升。面对日益激烈的国际科技竞争，要实现高水平科技自立自强，推动构建新发展格局、实现高质量发展，迫切需要加强基础研究，促进更多"从 0 到 1"的原始创新突破，从源头和底层解决关键技术问题。高校作为基础研究主力军和重大科技突破策源地，要系统推进基础性、系统性、前沿性技术研究和技术研发，不断强化自主创新源头供给，提升解决国家重大问题的能力，勇于攻克"卡脖子"关键核心技术，有力推动经济社会发展。

---

① 习近平：《论把握新发展阶段、贯彻新发展理念、构建新发展格局》，中央文献出版社 2021 年版，第 391 页。

② 习近平：《加强基础研究　实现高水平科技自立自强》，《求是》2023 年第 15 期。

（二）以中国特色新型智库建设提升主导权话语权

哲学社会科学是推动历史发展和社会进步的重要力量，哲学社会科学研究的进步是提振我国国际话语权的重要前提。高校要不断提升哲学社会科学研究水平，紧跟时代变化、实践发展、人民期待，加强中国特色新型智库建设，建设具有中国特色、中国风格、中国气派的哲学社会科学体系，更加及时地发出中国声音、更加鲜明地展现中国思想、更加响亮地提出中国主张。

（三）以产学研协同提升创新体系效能

科学研究成果只有同国家需要、人民要求和市场需求相结合，才能真正实现创新价值。实施创新驱动发展战略是一个系统工程，高校要坚持开放办学理念，有效推进产学研协同创新。要有组织推进战略导向的体系化基础研究、前沿导向的探索性基础研究、市场导向的应用性基础研究，积极协同科研院所、企业开展集成创新，迭代推广原创科研成果，加快推动科学研究向现实生产力转化。

四、促进学生开展社会服务

习近平总书记指出，我国高等教育要立足中华民族伟大复兴战略全局和世界百年未有之大变局，心怀"国之大者"，把握大势，敢于担当，善于作为，为服务国家富强、民族复兴、人民幸福贡献力量。社会服务是高校的重要职能之一，也是高校实现高质量发展、拓展办学资源的内在要求，塑造着大学面貌、大学精神。积极拓展社会服务领域，提升社会服务职能，参与经济社会发展是高校的重要责任。就社会而言，社会变革、社会发展都需要高校的深度参与。就高校而言，高校本身就是社会的重要组成部分，需要从社会中获取发展支持和发展资源。随着知识生产和应用模式的发展和高校组织的演进，社会服务能力水平成为衡量高校声誉、办学、发展的重要因素。进入新时代，高校要进一步落实好社会服务主体责任，持续引领社会发展。

（一）以产教融合赋能科学研究，优化社会服务模式

高校作为学术组织，作为"象牙塔"，客观上与经济社会存在一定的脱离、脱节和脱嵌现象，如何有效弥合大学知识生产与经济社会鸿沟，克服科研成果与社会需求"两张皮"现象，关键还在于以产教融合赋能科学研究，优化社会服务模式。高校科研成果只有在生产中实现了转化，才能真正发挥出创新引领的作用，成为促进经济社会发展的推动力量。当前，一些科研立项就存在科研选题市场定位不明确、科研内容脱离应用实际等情况，导致一些高校科研成果停留于纸面，难以取得经济社会效益。高校知识生产应该面向世界科技前沿、面向经济主战场、面向国家重大需求，要着力推动学科专业单一性和独立性向学科大类交叉、校企深度融合模式的根本转变，强化问题导向、市场导向和目标导向，加快学科链、科技链、创新链与产业链、服务链紧密对接，加大应用技术、产业技术研究，提高科技成果转化和产业化水平，把科学研究焦点放在关乎国家发展战略、关乎人民切身利益、关乎经济社会发展的项目上。

（二）以学科建设赋能知识应用，提高社会服务质量

一是精准对接社会需求优化学科布局。高校要面向现代化产业体系、乡村振兴、区域协调发展和高水平对外开放、服务国家经济社会发展战略，以及新型工业化、农业现代化、信息化等现实需要，强化学科建设，优化专业设置，推进知识生产、知识应用，缩短学科专业设置、调整优化周期，强化基础学科建设，推出高水平原创性成果，助推经济社会高质量发展。二是实施学科专业一体化发展策略。密切跟踪产业转型升级的趋势动态，调整学科专业设置，着力打造一批地方行业急需、优势突出、特色鲜明的学科专业。强化高校分类建设、转型发展，促进人才培养类型结构调整。深化卓越工程师、卓越教师、高水平创新人才、高技能人才、大国工匠等专业人才培养，

大力培养行业高素质应用型人才，为服务经济社会发展提供人才支撑。

（三）以制度建设赋能校地合作，夯筑社会服务保障

高校要主动围绕京津冀协同发展、长江经济带发展、粤港澳大湾区建设、长三角一体化发展等国家区域重大战略进行布局，瞄准关键问题、集中优势力量，着力提高区域人才供给质量，增强区域科技创新动能，厚植区域协同发展沃土。在推进校地合作过程中，尤其需要注重强化制度建设，明确权利义务，构建校地合作规范制度体系，营造开放合作的校地合作制度文化，为区域发展提供创新支撑和制度保障。

五、引导学生坚定文化自信

文化是民族的魂魄命脉、人民的精神家园。文化自信，是更基础、更广泛、更深厚的自信。只有文化认同问题解决了，对伟大祖国、对中华民族、对中国特色社会主义道路的认同才能巩固。面对世界范围内思想文化的相互激荡、我国社会思想观念的深刻变化，坚定广大青年学生的文化自信，增进广大青年的文化认同，引导他们树立正确的历史观、国家观、民族观、文化观，至关重要。

（一）传承发扬中华优秀传统文化

习近平总书记强调，"中华优秀传统文化是中华文明的智慧结晶和精华所在，是中华民族的根和魂，是我们在世界文化激荡中站稳脚跟的根基"[1]。新一代的年轻人，出生并成长于中国经济快速腾飞的时代，对中国文化的向心力和认同感显著增强。近年来，越来越多的年轻人爱上传统文化：剧场

---

[1] 习近平：《把中国文明历史研究引向深入　增强历史自觉坚定文化自信》，《求是》2022年第14期。

里，欣赏传统戏曲的年轻面孔越来越多，汉服、国乐、书法、茶艺等传统艺术在青年群体中走红，折射出时代的文化风貌，体现着青年对中华优秀传统文化的价值认同和情感认同。高校应主动承担中华优秀传统文化教育任务，处理好继承与创新的关系，实现中华优秀传统文化创造性转化和创新性发展。一方面，要主动加强对青年学生的中华优秀传统文化教育，推动优秀传统文化进课程进教材进头脑，增强其文化自觉、文化自信。另一方面，要主动坚持以情感人、以理服人、以行导人，教育引领广大青年树立和坚持正确的历史观、民族观、国家观、文化观，用丰富的传统文化涵养精神家园，开阔思维视野，陶冶道德情操，提升精神境界，不断增强青年学生做中国人的志气、骨气、底气。

（二）借鉴吸收外来先进文化

习近平总书记指出，文明因多样而交流，因交流而互鉴，因互鉴而发展。交流互鉴是文明发展的本质要求。中华文明立足于中国大地，植根于和而不同的多民族文化沃土，从来都不是故步自封、封闭保守、妄自尊大的文明形态。作为世界上唯一没有中断、发展至今的文明，中华文明具有突出的连续性、创新性、统一性、包容性、和平性，具有强大的生命力。中华文明在与其他文明的互学互鉴、互助互补中发展丰富、成熟壮大。高校作为中外文化交互、科研交流、人员交往的重要平台，应该主动作为，以开放促内涵发展，构建起全方位、多层次、主动作为的国际合作交流新格局，提升国际化办学能力和全球声誉，为服务国家战略大局和构建人类命运共同体贡献力量。高校要加强人才培养和科学研究的国际布局，构建高质量的国际人才培养体系。高校要着力培养全球胜任的学生群体，教育引导学生开阔全球视野、激发创新灵感，形塑全球胜任能力。高校要始终秉承自身文化的主体地位，自信而有原则地吸收他人之长，不盲目选择，更不能搞全盘西化。对待外来文化，要立足国情进行中国化，去粗取精、去伪存真，使外来文化中优秀的、有生命力的要素在中国大地上生根发芽、开花结果，成为中华文化的有机组成部分。

（三）繁荣中国特色社会主义文化

文化兴国运兴，文化强民族强。建设中国特色社会主义文化，是实现中华民族伟大复兴中国梦的应有之义。高校要在推进马克思主义中国化时代化，建设具有强大凝聚力引领力向心力的社会主义意识形态，推动习近平新时代中国特色社会主义思想深入人心方面学在前、走在先。一是用习近平新时代中国特色社会主义思想铸魂育人。习近平新时代中国特色社会主义思想为实现中华民族伟大复兴提供了科学行动指南和强大精神力量。高校要全面推动习近平新时代中国特色社会主义思想进教材、进课堂、进头脑，准确把握习近平新时代中国特色社会主义思想的丰富内涵，将这一思想内化于心、外践于行，教育引导广大师生坚定不移地在以习近平同志为核心的党中央坚强领导下，为实现中华民族伟大复兴的中国梦而不懈奋斗。二是着力建设具有强大凝聚力和引领力的社会主义意识形态。习近平总书记指出，"能否做好意识形态工作，事关党的前途命运，事关国家长治久安，事关民族凝聚力和向心力"①。高校要加强党对意识形态工作的全面领导，全面落实意识形态工作责任制，巩固壮大奋进新时代的主流思想舆论。健全用党的创新理论武装全党、教育人民、指导实践工作体系。强化校园意识形态阵地管理。三是用社会主义核心价值观引领校园文化。充分发挥文化育人的功能，把培育和践行社会主义核心价值观融入高校校园文化建设全过程，发挥校园文化的潜移默化作用，能使大学生在不知不觉中形成正确的价值观。四是用社会主义精神文明凝聚奋进力量。持续推进文明校园建设，引导师生树立文明观念、提高文明程度、形成文明风尚，不断推动师生在理想信念、价值理念、道德观念上紧紧团结在一起。

---

① 《习近平关于总体国家安全观论述摘编》，中央文献出版社 2018 年版，第 99 页。

六、鼓励学生培养国际视野

习近平总书记强调，今天的世界是各国共同组成的命运共同体。战胜人类发展面临的各种挑战，需要各国人民同舟共济、携手努力。教育应该顺此大势，通过更加密切的互动交流，促进对人类各种知识和文化的认知，对各民族现实奋斗和未来愿景的体认，以促进各国学生增进相互了解、树立世界眼光、激发创新灵感，确立为人类和平与发展贡献智慧和力量的远大志向。

时代新人之"时代"，不仅是中国的新时代，也是世界的新时代。只有胸怀天下、拥抱世界，才能从构建人类命运共同体的文明高度，认识并推进中华民族伟大复兴。高校作为文化文明传播的重要阵地，本身具有国际交流合作的重要职能，高校对外开放也是我国改革开放事业的重要组成部分。高校既在对外开放中发展壮大，又在对外开放中走向世界。高校在培养时代新人的过程中，要落实推进高等教育对外开放，持续扩大国际学术交流和教育科研合作，提升全球人才培养和集聚能力。

（一）坚持扎根中国、融通中外

人才培养必须置于国家发展的大舞台上，心怀"国之大者"。高校培养具有全球胜任力的人才，必须把服务国家战略和引领国际学术前沿"两个战场"统一起来，不断提升解决国家重大问题的能力，为经济社会发展提供有力的人才保证和科技支撑。一是坚持在改革中把"中国特色"和"世界一流"融为一体，面向未来培养优秀人才，产出一流的研究成果，不断为国家富强、民族复兴和人类文明进步贡献智慧和力量。高校要积极拓展优质办学资源，紧密围绕服务国家战略和一流大学建设目标，坚持"全球视野、中国情怀"，加强人才培养和科学研究的国际布局，构建高质量的全球人才培养体系。二是坚持开放合作，构建高等教育全球伙伴体系，积极拓展全球高等教育合作交流网络，主动利用国际平台发出中国高校的声音。主动开展高水平国际交流与合作，主动服务国家对外开放大局。

（二）坚持互学互鉴、自立自强

高等教育对外开放是相互学习、相互借鉴，共同促进高等教育事业发展的过程。做好高等教育对外开放，首先要立足于办好我们自己的高校。在对外开放的过程中，我们要有"不要人夸颜色好，只留清气满乾坤"的胸襟和定力，坚持"中国特色、世界水平"，遵循高等教育规律，形成更加深刻的教育思想理念、更加丰富的方法举措，努力建成教育强国，给世界上那些既希望加快发展，又希望保持独立性的国家和民族走向教育现代化提供可借鉴的途径，为全球教育发展提供中国经验、作出更大贡献。

（三）坚持抓住重点、创新推动

教育的对外开放既是我国教育事业的重要组成部分，同时也是我国对外开放事业的重要组成部分。教育对外开放，既要服从、服务教育发展大局，同时又要服从、服务国家外交工作大局。中国特色大国外交是全方位、多层次和立体化的，致力于发展全球伙伴关系，扩大同各国的利益交汇点，既要推进大国协调和合作，又要深化同周边国家的关系，还要加强同发展中国家的团结合作。教育对外开放应当与这种全球伙伴关系相适应，创新教育对外开放的途径和形式，构建全方位的开放格局。"一带一路"倡议是国际合作新平台，为进一步促进"一带一路"倡议的进展，教育特别是高等教育要主动作为、创新作为，提供智力、人力、技术、文化、情感等多方面的支持，提供有效的教育助力。我们还要加大对发展中国家特别是不发达国家的教育援助力度，促进缩小南北发展差距，履行应尽的国际义务。①

---

① 参见瞿振元：《做好新时代教育对外开放》，《中国教育报》2018 年 4 月 10 日。

第三节 高校时代新人培养的工作体系

时代新人培养工作是一项系统的育人工程，高校必须始终坚持以马克思主义为指导，在正确认识和把握时代新人的内涵及其培育内容的基础上，大力拓展育人路径，不断优化育人机制，探索形成更高水平的高校人才培养体系，构建涵盖思想政治工作体系、学科体系、教学体系、教材体系、教师教育体系、管理体系等的时代新人培养工作体系，把时代新人培养工作与学科、教学、教材、教师教育和管理等工作全面贯通、有机融合，打造体系化的高校时代新人培养格局。

一、贯通协同的思想政治工作体系

2018 年 5 月，习近平总书记在北京大学师生座谈会上的讲话中指出："人才培养体系涉及学科体系、教学体系、教材体系、管理体系等，而贯通其中的是思想政治工作体系。加强党的领导和党的建设，加强思想政治工作体系建设，是形成高水平人才培养体系的重要内容。"[1] 高校时代新人培养工作体系必须立足落实立德树人根本任务，让立德树人实际成效成为检验高校人才培养工作的根本标准，真正践行为党育人、为国育才的初心和使命。这就要求高校时代新人培养体系建设，必须以思想政治工作体系为主线，坚持"四个贯通"，将思想政治工作贯通人才培养各环节、多维度、全过程。

当前，"四个贯通"已经成为共识，但在具体实践中，贯通的效能效果还没有完全发挥和体现，还存在一些现实问题：一是思政工作体系本身建设还不够充分，在贯通其他体系时主导力、引领力还不足。二是人才培养体

---

[1] 习近平：《在北京大学师生座谈会上的讲话》，人民出版社 2018 年版，第 10 页。

系的育人自觉还未充分激发。三是不同育人体系之间还未深度融合。比如，育人主体缺乏充分合作，育人机制缺乏深度融合，育人评价缺乏统一标准，"四个贯通"主要还是"点"上而不是"面"上的贯通。又如，对课程思政效果的评价对象主要还是单门课程，缺少系统性评价体系。在具体实践中，高校思政工作在改革创新中需要把握好以下几对关系。

在方向上，把握好"守正"与"创新"的关系。"守正"就是把党的领导这一根本保证贯通其中，"创新"是为高校思政工作注入理论和实践的活力。在内容上，把握好"统领"与"融入"的关系。"统"就是以习近平新时代中国特色社会主义思想铸魂育人，"融"就是将社会主义核心价值观等融入学生成长成才全过程。只有"统"好了，"融"才能起作用。在方法上，把握好"贯通"与"灌输"的关系。"灌输"是马克思主义理论教育的基本方法，也是思政工作的必要手段。要坚持灌输性和启发性相统一，二者互相配合，取长补短。在载体上，把握好"主阵地"与"多渠道"的关系。"贯通"拓展了思政工作的场域、渠道、载体和阵地，但"主阵地"一定是课堂，要守好守牢这个阵地，再去开发新的育人空间。在主体上，要把握好"专门力量"与"全员育人"的关系。要更加重视高校思政工作队伍等专门力量的建设，完善对话合作机制，发挥示范引领作用，凝聚育人合力。

"贯通"理念的运用，推动了高校思想政治工作的体系化发展。但是由于主客观条件的影响，高校思想政治工作体系还未形成有效的"贯通"机制和体制，"贯通"理念的效能和效果还没有完全体现出来，"目标明确、内容完善、标准健全、运行科学、保障有力、成效显著"的高校思想政治工作体系还没有完全建立，尚需从机制、制度、环节、评价等方面加以改进。

（一）机制上形成协同

所谓"协同"，广义上指协调两个或两个以上不同主体，协同一致完成某个目标的过程或能力。在"贯通"理念中，即充分调动高校思想政治工作中各方要素、主体协同发力，共同推进高校思想政治工作。协同的关键在于建立有效协同的机制，其要素主要包括：建立党委统一领导、党政齐抓共管、有关部门各负其责、全社会协同配合的工作格局；建立学校党委常委会、思想政治工作领导小组等统筹推进思想政治工作的决策机制；建立思想政治工作高效实施、强力保障、科学评价的工作规范；建立一支规模适度、结构合理、素质优良、师德高尚、专兼结合的工作队伍；建立时时处处人人参与育人的浓厚校园文化生态。通过以上机制的实行，形成"校院联动""部门互动""师生齐动"的思想政治工作局面，使高校思想政治工作体系各要素、各子系统的运行实现有机衔接和融会贯通。

（二）制度上确保互洽

高校思想政治工作"四梁八柱"的构筑，基础在于加强制度建设，用制度使"贯通"理念深度融入高校办学治校各领域，实现制度互洽，才能确保"贯通"落到实处。以"贯通"理念引领高校思想政治工作的制度建设，要从以下几个重点方面着手：要制定更包容的制度，以学校层面的思想政治工作总体方案统领校院、部门、课程间思想政治教育的设计实施，增大制度的覆盖面，减少制度的盲区和漏洞，特别是要在思想政治工作的保障、评价、激励、考核等方面，提高制度体系的衔接性和自洽性，避免不同部门、不同层级的制度设计不兼容性；要制定更全面的制度，比如在"十大育人"体系中，课程育人、教书育人、实践育人等，从中央到地方都出台了一系列规范性文件，形成了较为完善的制度体系，但在科研育人、资助育人、组织育人等方面，如何挖掘其中蕴含的育人元素，还需要结合实践探索出台相应文件制度；要制定更稳定的制度，高校思想政治工作是一项长期工程，在制定高校思想政治工作相关制度、规划时，要在改与不改、变与不变之间保持恰当平衡，确保思想政治工作具有延续性、稳定性；要制定更管用的制度，充分发挥制度的导向、激励、协调作用，提升思想政治工作的实效。

（三）环节上推动融合

"融合"就是要一体化规划高校各领域、各方面、各环节的教育教学、管理服务活动，在保证提供丰富多样的思想政治教育活动的基础上，将"十大育人"打通，对于内容重复、贯通性不够的活动，按照思想政治教育规律进行序列化重组，形成相互渗透的一体化融合式育人模式。融合的关键在于找到大学生的联结点，各类活动育人内涵的衔接点、断层点和教育方式方法的渗透点。为此，要推动思政课程和课程思政贯通，落实习近平总书记关于"大思政课"的具体要求，把思政小课堂同社会大课堂结合起来，统筹构建纵向贯通的大中小学一体化的思政课教学体系。建立课程思政教学研究中心，解决各类课程与思政课程相互配合、融合的问题，加强思政课教师和专业课教师的双向交流、共建课程。推动高校思想政治工作线上线下联通，要综合运用微视频、微电影、网络直播、人工智能、VR 等新技术手段，突出互动性和体验性，引导大学生演好网络角色，构建健康网络文化，让思政工作充满活力。推动高校思想政治工作校内校外互通，突破传统的学校中心、教师中心模式，广泛激活社会教育资源，通过育人资源的广域化组织，重建合力育人新关系、新机制，推动家庭、学校、政府、社会从孤立的育人个体转变为协同联动的育人团队，打造无边界的合力育人共同体。

（四）评价上聚焦育人

构建以人才培养效果为首要标准的、多维度的育人考核评价体系，有效发挥思想政治工作评价的导向作用，才能确保高校思想政治工作真正实现贯通融入。具体来说，要建立多层次连贯性的评价标准。首先，在国家层面建立健全高校思想政治工作评价标准，把思想政治工作体系建设作为衡量高校办学水平的重要内容，引导高校把做好思想政治工作作为办学治校的基本功；其次，在高校层面加快制定并严格落实对各条线、各部门、各学院、各学科的思想政治工作考核指标，突出岗位育人要求，引导教职工更好承担育人责任；最后，在学院层面完善细化具有学科专业特色、易操作执行的思想政治工作评价办法，确保思想政治工作质量监督的一贯性。要科学设置思想政治工作评价观测点。建立健全高校思想政治工作质量监测监督体系，完善贯通式高校思想政治工作体系的评价要素，特别是针对育人质量较为软性的部分，要强化动态发展趋势分析，从长远规划和短期目标任务达成等多个角度科学设置评价观测点，全面反映思想政治工作体系的完整性。要健全可追究严执行的思想政治工作责任制。进一步将思想政治工作情况纳入高校党建工作责任体系，强化各级党组织在思想政治工作中的主体责任和党组织书记的第一责任，纳入基层党组织书记抓基层党建工作述职评议考核范围，纳入领导干部、领导班子年度考核内容，并作为干部选拔任用的重要参考条件。将思想政治工作情况纳入纪委监督执纪范围和校内巡察内容，强化监督和巡察结果运用。

二、与时俱进的学科体系

党的二十大报告提出，"加强基础学科、新兴学科、交叉学科建设，加快建设中国特色、世界一流的大学和优势学科"[1]。"学科体系是以知识系统、科学分工、产业结构为基础的学科设置、专业划分和课程体系的集合。"[2] 高校学科体系建设要紧密围绕时代新人培养目标，加快推动一流大学和一流学科建设，推动我国高等教育内涵式高质量发展。

（一）强化学科建设顶层设计

一流大学建设必须以学科为基础，发挥优势与特色，打造学科高峰，以

---

[1] 习近平：《高举中国特色社会主义伟大旗帜 为全面建设社会主义现代化国家而团结奋斗——在中国共产党第二十次全国代表大会上的报告》，人民出版社 2022 年版，第 34 页。
[2] 徐建飞：《推进中国特色哲学社会科学"三大体系"建设》，中国社会科学网，https://www.cssn.cn/skgz/bwyc/202208/t20220803_5456387.shtml。

一流学科建设带动高校"双一流"建设。建设一流学科重在顶层设计，重在谋划建什么学科，由谁来建设学科，怎样建设好学科等问题。这就需要高校重点回答好时代之问、发展之问，从党和国家对新时代高等教育发展需要层面，找到学校的战略基点；从学校的办学历史和专业特色层面，找回办学初心。因此，高校要坚持聚焦世界科技发展前沿，打造优势学科、特色学科、新兴学科，在原创性、集成性和引领性研究上下功夫；要聚焦自身办学特色，不贪多求大，不求面面俱到，不断整合学科资源、凝练研究方向，深化综合改革、激发生机活力，强化人才梯队建设、加强有组织科研，推动内涵式发展。

（二）优化学科方向动态布局

高校是推动国家发展、民族复兴、社会进步的战略引领力量。要将人才培养体系建设与国家经济社会发展需求紧密联系起来，建立主动求变的学科专业体系，加快建设中国特色、世界一流的优势学科，回应实践急需、服务国家战略、塑造学科优势、培养优质人才。高校要顺应新发展格局，基于产业结构调整、经济社会发展的需要，优化学科专业结构。首先，高校要始终坚守自身办学定位，坚持有所为有所不为，将与学校办学特色和优势关联度不大、发展存在现实瓶颈的学科予以调整优化，集中力量办大事，将办学资源集中到优势学科、特色学科和强势领域中去。其次，要高度重视国家发展战略需要和经济社会发展需求，在学科方向选择上做到与经济社会发展相吻合，要主动适应新时代背景下的科技创新和繁荣哲学社会科学的战略需要，主动适应知识市场和人才市场需求，改被动适应为主动引领，动态调整学科专业，不断推出高水平原创性成果，以新工科、新医科、新农科、新文科建设引领带动高校专业结构调整优化和内涵提升，做强主干专业，打造特色优势专业，升级改造传统专业，为经济社会高质量发展提供人才保障、智力支持。再次，要将学科调整与人才培养有机融合。将学科建设融入学生的知识教育、能力提升过程之中，将学科优势切实转化为人才培养优势，确保能够为国家建设和社会发展供给有效解决实际问题的高质量人才。最后，高校还应加强学科建设与专业建设的联动协同，加快推进学科专业建设的一体化进程。

（三）深化学科专业交叉融合

学科交叉融合是当前科学技术发展的重大特征，是新学科产生的重要源泉，是培养创新型人才的有效路径，是经济社会发展的内在需求。随着新一轮科技革命和产业变革加速演进，一些重要科学问题和关键核心技术已经呈现出革命性突破的先兆，新的学科分支和新增长点不断涌现，学科深度交叉融合势不可当，经济社会发展对高层次创新型、复合型、应用型人才的需求更为迫切。面向科学技术新发展和经济社会发展新需要，高校亟须从多方面着手深化学科专业交叉融合。一是全面推进课程思政建设。高校要从全面落实立德树人根本任务，培养担当民族复兴大任的时代新人角度出发，充分挖掘学科体系中蕴含的思想政治教育资源和元素，有意、有机、有效地对广大学生开展思想政治教育，提升学生思想政治素养，夯实学生理想信念根基。二是全面深化学科交叉融合。高校要坚持面向内需市场，尤其是适应新型工业化、农村现代化、城镇化和信息化的需要，遵循科学技术发明创造和人才成长规律，打破学科专业壁垒，重建学科边界，持续优化学科专业体系，为时代新人培养奠定坚实的学科基础。

三、精准高效的教学体系

教学是高校人才培养的基石。高校应根据社会情势的发展变化，在立足人才培养条件和特色的基础上，坚持以学生为中心，以实现学生的全面发展为目标导向，不断改进教学过程的薄弱环节，有效建立起知识结构完备、方式方法先进的精准高效的教学体系。

（一）严格教学管理

教学是实现学科育人的"最后一公里"，高校要严格教学管理，提高课程育人实效。一是加强校风学风建设。提升学业挑战度，强化人才培养方案、教学过程和教学考核等方面的质量要求，科学合理设置学分总量和课程数量，增加学生投入学习的时间，提高自主学习时间比例，引导学生多读书、深思考、善提问、勤实践，教育引导学生爱国、励志、求真、力行。二是全面提高课程建设质量。优化公共课、专业基础课和专业课比例结构，加强课程体系整体设计，提高课程建设规划性、系统性。着力打造一大批具有高阶性、创新性和挑战度的线下、线上、线上线下混合、虚拟仿真和社会实践"金课"。积极发展"互联网+教育"、探索智能教育新形态，推动课堂教学革命。严格课堂教学管理，严守教学纪律，确保课程教学质量。三是推动科研反哺教学。强化科研育人功能，及时把最新科研成果转化为教学内容，激发学生专业学习兴趣。加强对学生科研活动的指导，加大科研实践平台建设力度，推动国家级、省部级科研基地更大范围开放共享，支持学生早进课题、早进实验室、早进团队，以高水平科学研究提高学生创新和实践能力。统筹规范科技竞赛和竞赛证书管理，引导学生理性参加竞赛，达到以赛促教、以赛促学效果。

（二）深化教学改革

教学改革是高校育人工作的重要动力，高校要积极探索适应人才培养规律和学校办学特色的教学质量保障与监控体系，着力提升人才培养质量。一是改革课程体系。要加强教学工作的顶层设计，构建立体化、多元化的教学内容体系，推进教学供给侧结构性改革，做到教学内容精准供给、有效覆盖。高校应坚持立德树人，把课程思政和思政课程有机统一起来，在聚焦专业优势、突出教学特色的同时，探索构建通识教育和实践教学等多元开发的课程体系，通过不断优化课程设置、完善教学内容设计，实现高校教学由

"粗放灌输"到"精准供给"的转变。二是改革学分制度，进一步扩大学生学习自主权、选择权。建立健全本科生学业导师制度，安排符合条件的教师指导学生学习，制订个性化培养方案和学业生涯规划。支持高校建立与学分制改革和弹性学习相适应的管理制度，加强校际学分互认与转化实践，以学分积累作为学生毕业标准。完善学分标准体系，严格学分质量要求，建立学业预警、淘汰机制。三是改革教学方法。高校应积极探索多样化、创新型的教学方式和方法，让教学体系更加科学和完善。在具体的教学过程中，要把价值传播和知识传授有机结合起来，使教学工作成为价值引领的主要和重要场域，促进高校人才培养的"立德"与"树人"同向同行。在教学方法上，要灵活选择，积极利用在线教学资源，引导学生把线上教学和线下自觉学习结合起来，培养学生的自主学习能力，推广应用以学生为本的启发式、合作式、参与式教学模式。[①]

（三）提升教学质量

教学是高校的中心工作，教学质量监控与评价是提升高校人才培养质量的核心要义，高校要采取切实措施提高教学质量和水平。一要完善教学质量监控。开展学生评课工作，组织学生对课堂教学进行问卷调查、网上评估，并将评估结果反馈给任课教师。开展领导听评课工作。建立学校领导、院系领导听课制度，加强与教师和学生的沟通，增进领导干部对教学一线情况的了解。二要完善教学质量评价。改进课堂质量评价方式，制定课堂教学质量综合评价办法，建立以学生评价为主体，教学督导、同行专家和管理人员评价为补充的综合评价体系，形成"评价、引导、反馈、提高"的良性教学评价机制，全面提高课堂教学质量。建立健全同行评估制度，创新形式，邀请离退休教授、专家组、调研组听课并作课程评估，对教学运作或管理中存

---

① 参见吴红：《着眼立德树人 形成更高水平的高校人才培养体系》，《中国高等教育》2023 年第 7 期。

在的各种重点、难点问题进行独立调研与分析，向学校、相关职能部门和院系提出改进建议。

四、培根铸魂的教材体系

2016 年 5 月，习近平总书记在哲学社会科学工作座谈会上的讲话中指出，"要抓好教材体系建设，形成适应中国特色社会主义发展要求、立足国际学术前沿、门类齐全的哲学社会科学教材体系"①。教材作为教育教学的基本载体、文化传承的重要媒介、人才培养的重要支撑、教育核心竞争力的重要体现、引领创新发展的重要基础，是高校时代新人培养工作体系的重要组成部分。高校要站在培养担当民族复兴大任的时代新人的高度用心打造培根铸魂、启智增慧的精品教材，为培养德智体美劳全面发展的社会主义建设者和接班人、建成教育强国作出新的更大贡献。

（一）把准教材体系建设政治方向

教材具有鲜明的政治属性和意识形态属性，是解决"培养什么人、怎样培养人、为谁培养人"这一根本问题的重要依托，是关涉国家和民族未来的大事，在培养担当民族复兴大任的时代新人过程中发挥着重要作用。高校教材体系建设必须紧紧围绕落实立德树人根本任务，始终坚持正确的政治方向、价值取向、学术导向。首先，要充分体现党和国家意志。我国是中国共产党领导的社会主义国家，我们的高校是党领导下的高校，是中国特色社会主义高校。因此，必须坚持党管教材，坚持马克思主义在教材体系建设中的指导地位，体现马克思主义中国化时代化最新成果，旗帜鲜明地贯彻党的教育方针，坚定不移地弘扬社会主义核心价值观，教育引导广大青年学生树立马克思主义信仰、坚持共产主义信念、坚定民族复兴信心。其次，要全面

---

① 《习近平著作选读》第一卷，人民出版社 2023 年版，第 486 页。

对接党和国家发展战略。教材是人才培养的重要支撑，必须紧密对接科教兴国、人才强国、创新驱动发展等国家重大战略需求，不断更新知识体系，更好地服务于党和国家战略。最后，要充分彰显中华民族精神。高校教材体系建设要坚定文化自信，彰显民族特色，体现中国风格。一方面，要充分挖掘中华优秀传统文化所蕴含的立德树人知识资源，做好中华优秀传统文化创造性转化和创新性发展。另一方面，在立足中国立场、中国特色、中国智慧的基础上，保持文化开放的视野和心胸，广泛吸纳世界其他国家和民族的有益文化成果，不断提升教材编写质量，以习近平新时代中国特色社会主义思想为指导，帮助学生打好中国底色和系好人生第一粒扣子。

（二）增强教材体系建设育人价值

第一，要充分尊重教材建设规律。教材编写应遵循教材建设规律、人才成长规律，紧扣社会需求和人才需求变化，依据国家教学标准体系，对接时代新人能力素养要求。高校教材建设要基于青少年学生发展核心素养，紧跟知识更新步伐，不断增强教材的时代性、科学性、思想性、适宜性、有效性，把系统、抽象、复杂、学术性强的学科内容转化为丰富多彩、循序渐进、适合不同年龄段学生心理认知规律的学科知识体系，把科学知识、先进理念、思想方法传授给学生，使青少年学知识、长才干，增智慧、明事理，德智体美劳全面发展。第二，要注重教材内容与时俱进。当前，新一轮科技革命和产业变革深入发展，知识更新周期大大缩短，这就要求我们的教材既要传承经典，又要与时俱进。作为静态的文本，教材不能一成不变，高校教材建设要充分吸收前沿的教育教学改革成果，根据社会发展、形势变迁及时优化调整，确保其时代价值和现实意义。

（三）提升教材体系建设质量标准

精品化的教材体系建设，要不断优化内容拣选与编排设计，强化教材选用把关审核，持续拧紧教材进入学校课堂、学生书包的"安全阀"。首先，要把好教材编写关，严格各类教材编写人员条件、编写要求等，规范"谁来编、怎么编"。其次，要把好教材审核关，健全教材审核机构，严格审核标准和程序，规范"谁来审、怎么审"，对各级各类教材教辅进行全面"体检"和净化。再次，把好选用关，明确教材选用主体、原则、程序，规范"谁来选、怎么选"，确保选出最适合教情学情的教材。最后，把好使用关，定期组织编写组入校听课、座谈，建立意见征集反馈平台，为广大师生准确理解和把握教材使用要求提供实实在在的帮助。①

五、"四有"好老师培养体系

教育大计，教师为本。人才培养，关键在教师。落实立德树人根本任务，离不开一支政治素质过硬、业务能力精湛、育人水平高超的高素质教师队伍。教师是立教之本、兴教之源，是教育发展的第一资源，承载着传播知识、传播思想、传播真理，塑造灵魂、塑造生命、塑造新人的时代重任。时代新人培养要求广大高校教师"做学生锤炼品格的引路人，做学生学习知识的引路人，做学生创新思维的引路人，做学生奉献祖国的引路人"②。

（一）高质量建设教师教育体系

党的二十大报告指出，要加强师德师风建设，培养高素质教师队伍，弘扬尊师重教社会风尚。

高素质专业化创新型教师队伍是推动新时代我国高等教育高质量发展的突破口。在此背景下，建设高质量教师教育体系具有十分重要的意义。一是要全面强化师范大学在教师教育方面的引领作用。师范大学是教师培养的主源头、教师教育的主阵地。党的十八大以来，以习近平同志为核心的党中央

---

① 参见赵婀娜：《用心打造培根铸魂、启智增慧的精品教材——党的十八大以来我国教材建设工作综述》，《人民日报》2021 年 10 月 11 日。

② 《习近平关于社会主义社会建设论述摘编》，中央文献出版社 2017 年版，第 57 页。

高度重视教师队伍建设和发展，重视教师教育体系的建设，持续推进教师教育向新的高度迈进，教师教育在开展教育创新、提升教师培养质量、满足区域基础教育发展、推进乡村振兴和国家义务教育均衡等方面作出了突出贡献，中国式的教师教育体系成功解决了世界人口第一大国多样的教育需求，在中国特色社会主义建设中发挥着人才培养的基础支撑作用。针对基础教育师资和教师教育资源配置短板，国家通过"优师计划"和师范教育协同提质计划，加大对欠发达地区本科层次教师补充力度，加强对薄弱师范院校的指导。师范院校是教师教育的主体和教师教育体系的内核，要进一步发挥师范院校聚焦教师教育的能动性，运用好师范院校的智库及经验智慧，用政策的杠杆充分激活师范院校投入建设高质量教师教育体系的责任担当。二是要全面调动社会力量主动参与教师教育体系建设。围绕教师教育体系健全及高效运行，用足政策机制，全面调动相关社会力量积极主动参与教师教育体系建设，促使师范院校真正成为教师教育体系建设的重要主体，自觉主动为高水平教师培养搭建平台、提供资源和履行教育责任，以高质量教师教育体系服务教育强国建设。

（二）贯彻"四有"好老师建设标准

有理想信念、有道德情操、有扎实学识、有仁爱之心，这是新时代对广大教师提出的新要求，也应成为广大高校教师内化于心的责任担当。青少年阶段是人生的"拔节孕穗期"，正是世界观、人生观、价值观形成的关键时期，面对数字化、网络化、智能化深入发展的新时代，对青少年加以正确教育引导至关重要。要按照习近平总书记提出的"四有"好老师标准，坚持教书育人与自我修养相结合，做到以德立身、以德立学、以德施教，做学生为学、为事、为人的示范，成为促进学生全面发展的"大先生"。把师德师风作为评价教师队伍素质的第一标准，引导广大教师继承发扬老一辈教育工作者"捧着一颗心来，不带半根草去"的精神，以赤诚之心、奉献之心、仁爱之心投身教育事业。健全完善中国特色教师教育体系，加强教师实践锻炼和系统培训，大力培养造就一支师德高尚、业务精湛、结构合理、充满活力的高素质专业化教师队伍。教育引导广大教师更好地肩负起学生健康成长的引路人的时代重任，成为学生锤炼品格的引路人、学习知识的引路人、创新思维的引路人、奉献祖国的引路人。①

（三）选优配强思想政治工作队伍

思想政治教师是承担高等学校思想政治教育教学工作的专业队伍，是高等学校教师队伍中承担开展马克思主义理论教育、用习近平新时代中国特色社会主义思想铸魂育人的中坚力量。高校要按照"六要"标准建设思想政治工作队伍，打造一支能够胜任时代新人培育重任的思想政治工作队伍，必须按照政治要强、情怀要深、思维要新、视野要广、自律要严、人格要正的标准抓好思想政治工作队伍建设，抓好思想政治工作队伍培育、选拔、培训等各项工作。此外，以专业化、职业化要求建设辅导员工作队伍。辅导员是开展大学生思想政治教育的骨干力量，是高等学校学生日常思想政治教育和管理工作的组织者、实施者、指导者。高校要严格按照师生配比设置专职辅导员岗位，推动辅导员队伍专业化、职业化建设。着力增强辅导员思想政治引领能力、组织管理能力、语言文字表达能力、教育引导能力、调查研究能力，做大学生成长的引路人、同路人、开路人。

六、以学生为本的管理体系

管理育人是高校人才培养的重要环节，高校管理体系是落实立德树人教育根本任务的重要领域。构建服务为本的高校管理体系，是推进高校治理体系与治理能力现代化建设的现实需要，是高校推进"双一流"建设的重要

---

① 参见安钰峰：《深刻理解"九个坚持"的逻辑体系与内涵》，《中国高等教育》2021年第 Z1 期。

保证，是"坚持以人民为中心""办好人民满意的教育"的实践要求。高校要通过对管理体制改革的持续深化、内部治理机构的不断健全、管理手段方法的创新优化，不断激发高校人才培养活力。

（一）持续深化高校管理体制改革

培养一流人才、创建一流高校，离不开一流的管理育人制度作支撑。高校要从着眼于时代新人培养的战略高度，持续深化行政管理、人事薪酬、科研考核、人才评价等领域管理体制改革，坚决破除不利于立德树人根本任务落实的顽瘴痼疾，勇于突破校园治理中的壁垒藩篱，切实提升高校管理育人成效。一要坚持以师生为中心的管理理念。高校管理工作要旗帜鲜明树立服务理念，关心师生、理解师生、服务师生，充分尊重师生在校园中的主体地位和在校园管理中的重要作用，充分发挥管理、服务在育人中的导向作用。高校机关和职能部门是承上启下的枢纽，是沟通内外的窗口，是联系师生的桥梁，是狠抓落实的关键。高校要努力建设服务型机关，在服务宗旨上强化以人为本，在服务流程上实现有序规范，在服务环境上体现人文关怀。二要坚持优化健全管理机制。高校管理涉及教学管理、科研管理、行政管理等多个领域。高校要理顺管理关系，盘活管理资源，提高管理效能。要充分发挥信息化、数字化优势，优化教学管理模式和评价工具。要建立大科研管理体系，完善以信任为前提的科研管理机制，深化科研经费管理"放管服"改革，优化科研、服务、组织、策划和协调。简化科研项目管理流程，强化主体责任与结果考核。完善配套激励政策，推进成果转化与技术转移，推进科技创新、军民融合。推进科研机构分类管理、分类指导、分类建设和有效整合。根据学科不同属性优化资源配置，提升科研投入产出效率。要理顺校院两级责任权利，推进管理重心下移。坚持改进学校机关工作作风，提升精细化管理水平，推行服务承诺制、首问负责制、限时办结制、容缺办理制、群众投诉处理制等，建设服务型、效能型机关。

（二）不断健全高校内部治理结构

治理体系与治理能力现代化，是建设现代大学之要义。高校必须坚定不移深化改革，创新治理，切实提升服务师生的能力。一要持续完善内部治理结构。推进现代大学制度建设，完善"党委领导、校长负责、民主管理、社会参与"的治理架构。加强"学校—学院"学术委员会建设，完善以学术委员会为最高学术权力机构的学术组织体系。完善群众工作机制，增强工会、共青团、学生社团等群团组织政治性、先进性和群众性。构建大统战工作格局，做好民主党派工作、党外知识分子工作、非公有制经济人士工作、民族工作、宗教工作、港澳工作、对台工作、侨务工作。二要持续优化治理主体关系。确保党委在高校内部治理体系中总揽全局、协调各方的能力和作用。完善党委领导下的校长负责制，明确政治权力、行政权力、学术权力、民主权力的边界及运行规则，增加操作性与约束性。理顺校院系关系与治理规则，确保"学院办大学"在规则范围内有效运行。三要持续深化依法治校实践。形成以高校章程为核心，规范统一、分类科学、层次清晰、运行高效的规章制度体系。加强制度统筹和前置审核，提高制度供给水平和制度建设质量。强化对制度执行的确责问责，提高制度执行刚性，把制度优势更好转化为治理效能。

（三）创新优化高校管理手段方法

当前，信息技术、数字技术日新月异，高校要坚持以数据治理为核心，全面推进管理服务的数字化转型。一要推进数字校园建设。通过构建数字孪生校园和智慧运行中心，形成校情大数据"仪表盘"、监测预警"红绿灯"；通过打造线上线下融合的校务服务中心，实现服务事项的"一站式""一键式"服务，实现微应用点的"一网通办""一机自办"；通过打造"智慧党建""智慧学工""智慧人事""智慧科研""智慧平安校园"等数字化系统，形成数字校园建设的整体效应，不断优化治理结构和提升管理服务质量。二要强化功能整合。打破校园"信息孤岛",加强对横向功能模块和纵向层级模块之间的功能整合,以数字化赋能学、教、管、研,全面推进高校数字化转型,实现行政管理、教务管理、科研管理、学生管理、"校—院—系所"的层级功能等互联互通、功能整合。三要突出数据驱动。高校要通过各种工具有效采集海量师生数据、管理数据,从用户需求端数据驱动管理供给端改革,辅助高校行政决策,提高管理实效。同时,建设具有交互沟通功能的信息化平台,增强管理活动的主动性、民主性和包容性。

第三章

时代新人培养的高校担当

培养人才始终是高等学校的首要与核心功能。以高水平人才培养体系，将广大青年培养成堪当民族复兴大任的时代新人，为全面建设社会主义现代化国家、全面推进中华民族伟大复兴提供基础性、战略性支撑，既是新时代中国高校的神圣使命，更应该是新时代中国高校的自觉担当。

第一节　时代新人培养的高校担当的内涵

科学把握时代新人培养的高校担当的内涵，是高校真正担负起时代新人培养重任的前提和基础。

一、何为担当

担当，总是与责任、任务相连，"担"是接受应负的责任并担负起相应的任务，"当"是承担责任的勇气并主动承受或化解完成任务过程中的困难和压力。"担当"构成一个组合词，就是接受承担某种责任并努力完成相应任务的一种行为和精神。

担当是一种认识，以认识到责任和任务为前提。认识是行动的先导，只有对责任和任务认识到位，才会接受并行动。对自身的性质、功能有清醒和坚定的认识，并能将这种性质、功能结合时势转化为具体的责任和任务，是一个人或一个组织想担当、要担当的前提。

担当是一种自觉，以接受责任和任务的自觉为基础。应然与实然的同一性，是一种理想状态。现实环境中，由于各种因素的影响，应然与实然更多地体现为差异与矛盾。面对责任和任务，担当的意识是否自觉，担当的欲望是否强烈，直接决定了担当与否和担当的程度。只有具备担当的自觉，才会不推卸责任、不躲避任务，才会从内心接受责任和任务。

担当是一种行为，以履职尽责和完成任务为核心。识担当、想担当，更要以实际行动证明担当。一方面，担当必须见之于行动，不能是"语言的巨人、行动的矮子"，要以具体而实际的方法、举措来努力履行责任和完成任务；另一方面，实践是检验真理的唯一标准，担当具有鲜明的结果导向，想干事、能干事，最重要的是干成事。

担当是一种精神，以攻坚克难的勇气和智慧为表征。履职尽责和完成任务的过程，往往并不是一帆风顺，而是充满了困难或挑战，甚至是"艰、难、险、重"。越是困难复杂，越是真正的担当者的试金石。真正的担当者，应具备"狭路相逢勇者胜"的勇气和胆魄，敢涉险滩；应具备"咬定青山不放松"的韧劲和毅力，能啃硬骨头；应具备因时而新、随势而变的能力与智慧，不断开拓创新。

二、时代新人培养的高校担当的内涵

时代新人培养的高校担当，是指作为重要培养主体的高校，接受承担培养堪当民族复兴大任时时代新人的责任，并努力实现培养目标的一种行为和精神。时代新人培养的高校担当，是新时代高校培养人才功能的具体体现，是高校培养人才坚持为人民服务、为中国共产党治国理政服务、为巩固和发展中国特色社会主义制度服务、为改革开放和社会主义现代化建设服务的具体要求，是提高高校办学水平的核心追求。

首先，时代新人培养的高校担当，体现的是新时代高校对自身功能定位的科学把握和初心使命的坚守。培养人才是高校的基础和核心功能，科学研究、服务社会、文化传承创新和国际交流合作等功能，都是由培养人才的功能派生出来的，并为培养人才服务。高校人才培养的功能并不是一成不变的，而是要随着社会形态、文化传统、时代背景、国家与民族发展的核心战略等不断更新。中国的高校是社会主义高校，为党育人、为国育才是中国特色社会主义高校的初心使命。中国特色社会主义进入新时代是中国发展新的历史方位，中国当前所处的时代背景是实现中华民族伟大复兴战略全局和世界百年未有之大变局。新时代的中国高校，必须回答好"培养什么人、怎样培养人、为谁培养人"这一教育的根本问题，必须回答好"办什么样的大学，怎样办好大学"这一大学首先要回答的重大问题，必须落实好立德树人这一根本任务，必须坚守为党育人、为国育才的初心使命。高校只有对新时代自身功能定位有科学认识，才能认识到时代新人培养是高校在新时代的立身之本，才能自觉承担起时代新人培养这一光荣和神圣的使命。

其次，时代新人培养的高校担当，要求高校不断提高人才自主培养体系的质量与水平。现代化的核心是人的现代化。培养堪当民族复兴大任的时代新人，体现了中国式现代化对人的现代化的总体要求。人才培养体系的水平，直接影响着人才培养的质量。时代新人有着鲜明的先进性、时代性、人民性、实践性等特质。时代新人培养，既不能靠老办法，也不能靠照搬外国的办法，必须以人才自主培养体系的构建和完善为核心。高校担当时代新人培养的重任，就要围绕人才培养的要素，以时代新人培养为出发点和落脚点，不断科学认识新时代广大青年的成长规律和成才规律、更新人才培养的理念、调整人才培养的标准、增强人才培养主体的合力、创新人才培养的途径模式、优化人才培养的过程、健全和完善人才培养的制度保障，打造高质量人才自主培养的体系和生态。可以说，高校在高质量人才自主培养体系建构上的努力和成效，是担当时代新人培养重任的最直接体现。

最后，时代新人培养的高校担当，要求高校必须围绕时代新人培养不断改革创新。人才培养目标的实现，受到多方面因素的影响。高校要担当时代新人培养重任，就要围绕时代新人培养，全面深化改革，不断创新发展，增强斗争精神。全面深化改革，就是通过对人才培养体制、人才培养主体的权责关系、教育评价机制等不断改革，让教师、教学、时间、实践、管理等一切人才培养资源，围绕时代新人培养竞相迸发活力，让所有的学生顺利成长为时代新人。不断创新发展，就是要求高校在时代新人培养的过程中，要根据内部和外部的变化与发展，直面挑战，勇立潮头、抢抓机遇，不断转型、不断拓新，不断推进时代新人培养的现代化。增强斗争精神，就是要求高校在面对时代新人培养的各种困难和挑战时，要不断增强斗争意识和斗争本领，坚决战胜这些困难和挑战，确保时代新人培养标准与质量。

第二节　高校时代新人培养的基本原则

时代新人培养基本原则的构建，是时代新人培养高校担当的重要内容。"原则不是研究的出发点，而是它的最终结果；这些原则不是被应用于自然界和人类历史，而是从它们中抽象出来的；不是自然界和人类去适应原则，而是原则只有在符合自然界和历史的情况下才是正确的。"① 原则是随着对自然界和人类历史研究的不断深入，人们整理得出的、在一定范围内被反复检验有效的、带有规律性和方法论意义的认识。原则一旦形成，就成为指导人们观察思考问题和处理言论行为实践的指导思想、价值标准和方法依据。理论是实践的先导，思想是行动的指南。高校时代新人培养的基本原则一旦确立，就会对时代新人培养的认识和实践起到积极的指导作用。

---

① 《马克思恩格斯选集》第 3 卷，人民出版社 2012 年版，第 410 页。

一、探讨高校时代新人培养基本原则的基础

主体、客体和中介是人们实践活动的三要素。教育实践是时代新人培养最核心、最主要、最基础的实践。教育者是时代新人培养的主体，受教育者是时代新人培养的客体，教育得以展开的中介系统及过程即为时代新人培养的中介。时代新人培养的主体、客体、中介及其所处环境条件的现状、特征与趋势，是探讨时代新人培养基本原则的前提和基础。

（一）高校时代新人培养的主体

时代新人培养，党和政府、学校、教师、家庭和社会都必须承担相应的责任，履行好教育主体的功能。时代新人培养的不同阶段、不同环节，有着不同的占主导地位的培养主体。高校时代新人培养，占主导地位的培养主体毫无疑问是高等学校和高校教师。

但是，科技进步和社会发展，全球化影响日益增强，对时代新人培养构成了挑战。一方面，随着人类社会进入现代社会，特别是以互联网为代表的信息革命的展开与推进，人们的主体性也日益发展，社会文化迅速从前喻文化（老年文化）为主走向并喻文化（同辈之间互相学习）为主，并逐步向后喻文化（青年文化）转变。另一方面，网络信息技术在日益成为青少年获取知识和信息重要手段的同时，又对青少年的思想观念、行为方式产生了巨大的冲击，从而对时代新人培养产生或直接或间接、或正面或负面的影响。

（二）高校时代新人培养的客体

高校时代新人培养的客体，也就是高等学校的在校学生。培养客体的主体性、培养客体的需要，既是培养主体培养实现的过程，同时也对培养主体的培养过程构成了挑战。"人的本质不是单个人所固有的抽象物，在其现实

性上，它是一切社会关系的总和。"① "一切社会关系的总和"，是人的本质规定性。这种规定性的外在表现，一方面是人在一定社会关系中实现社会化需要的本性及其特征，另一方面是人在一定社会关系中实现社会化需要的主体性。作为高校时代新人培养客体的新时代大学生，主体性呈现不断发展和张扬的趋势，社会化需要呈现出日益丰富的趋势。

人的本质随着其"一切社会关系的总和"的变化与发展而变化与发展，也直接影响着人在一定社会关系中社会化需要的变化与发展，直接影响着人在一定社会关系中实现社会化需要的主体性的变化与发展。人类社会进入现代社会，尤其是进入现代信息社会，人在现实性上"一切社会关系的总和"变得日益丰富，变化与发展也相对加快，人的社会化需要也相对丰富多样，实现社会化需要的主体性也日益发展与提高。作为时代新人培养客体的大学生，其社会化需要更加丰富，面临的选择也更多，主体性也相对更强。

（三）高校时代新人培养的时代特征

任何实践，都是实践主体与实践客体在特定时空环境中通过一定的中介发生发展的。新时代是时代新人培养的时空环境。科学把握新时代的内涵特征，是探讨时代新人培养基本原则的重要前提和基础。2022 年 1 月 17 日，习近平主席在北京出席 2022 年世界经济论坛视频会议时指出："当今世界正在经历百年未有之大变局。这场变局不限于一时一事、一国一域，而是深刻而宏阔的时代之变。"② 高校时代新人培养的时代特征，可以从国内国际两个大局来看。

国内大局就是"中华民族伟大复兴战略全局"。"中华民族伟大复兴战略全局"正是新时代所要实现的战略目标，核心是"全"，既包括战略目标的稳定性，是近代以来中华民族最伟大的梦想；也包括战略目标本身的全面

---

① 《马克思恩格斯选集》第 1 卷，人民出版社 2012 年版，第 139 页。
② 《习近平谈治国理政》第四卷，外文出版社 2022 年版，第 483 页。

性，中华民族伟大复兴的内涵是丰富的，是物质文明、政治文明、精神文明、社会文明、生态文明都要高度发达，是国家富强、民族振兴、人民幸福与人类命运共同体的协调发展；更强调战略过程的聚焦性，各方面的力量、工作都要全程全面聚焦到战略目标的实现上来。

国际大局就是"世界百年未有之大变局"。"世界百年未有之大变局"正是新时代所处的时空环境。新一轮科技革命的推进加快重塑世界步伐；经济全球化持续发展推进全球治理变革；世界多极化稳步推进使国际力量趋向平衡；文明交流互鉴强化世界多元。① 国际大局的核心是"变"，既包括世界形势之变、世界经济政治主体间的力量对比之变，更包括更为根源的科技与思维之变。

（四）高校时代新人培养的过程特征

过程，就是事物发展或事情进行的经过。高校时代新人的培养过程，具有主体性、合力性、动态性、概率性等典型特征。

一是主体性。人的活动在本质上是以生命活动为基础、心理活动渗透于其中的自主实践活动。人们通过实践活动增长知识、增长能力，促使思想、观念和语言的演化，从而获得成长。高校时代新人的培养，本质上是作为被培养者的大学生的主体成长。第一，大学生需要被激发或唤醒成长为时代新人精神活动的主体自觉，这是先决条件；第二，大学生需要有将精神活动转化为实践活动的主体自觉，或在教育引导下，或在主体自觉探索下，投身于达到必要水平的、有效的、创造性的实践活动之中。充分尊重和发挥大学生的主体性，注重大学生成长为时代新人的精神活动与实践活动的相互作用，最终才能推动大学生真正成长为担当民族复兴大任的时代新人。

二是合力性。大学生通过精神活动与实践活动成长为时代新人的过程，

---

① 参见王少泉：《"百年未有之大变局"：内涵与哲理》，《科学社会主义》2019 年第 4 期。

并非随心所欲的，而是有条件的。内因是事物变化的根据，外因是事物变化的条件。成长为时代新人的过程，是一个内因自发与外因催发的合力作用的结果。第一，外因催发的着眼点，必须从创造动力与成就动机上激发大学生的自身内动力开发机制，形成激发主体成长的合力；第二，多方面的外因催发，必须理顺外因之间的相互作用与相互关系，形成整体合力，从而更好地激发主体成长自觉，或者为主体成长创造最优的系统外部环境与条件。

三是动态性。时代新人的标准，会随着环境条件的变化而变化。成长为时代新人的过程，也会随着主客体的变化而变化。一方面，大学生成长为时代新人的过程，本身就可能出现波动性、反复性，需要不断纠偏和调整，以保证不偏离成长为时代新人的正确方向。另一方面，大学生成长为时代新人的过程，本身就是一个动态上升过程，从循序渐进到成为，从成为到提升，并非一蹴而就。

四是概率性。从群体角度而言，任何人才的成长既具有必然性的因果性规律，也具有概然性的统计性规律，时代新人的成长也不例外。概然性的统计性规律，突出表现在人才培养的最佳年龄上。第一，时代新人在年龄上存在统计性的最佳培养年龄。习近平总书记多次强调，青少年阶段是人生的"拔节孕穗期"，要引导他们扣好人生第一粒扣子。第二，时代新人创造的最佳年龄，与不同类型人才内在素质结构的复杂程度呈正向相关，也与人才的不同层次呈正向相关。

（五）中国共产党对时代新人培养的规律性认识

原理是基于复杂系统的具有普遍意义的最基本的客观规律。大量实践所检验与确定的正确性，是原理的基本特点。原则是基于简单系统并相对设定目标，可以做逻辑判断的指导人们的认识、思想、言论和行为的规定或准则。以设定目标为参照的逻辑决策判断，是原则的基本特点。在目标已经设定的前提下，原则是以正确的原理为基础推出的，还是由纯主观逻辑判断确定，是判断原则是否科学的重要标准。中国共产党对时代新人培养的规律性认识，为科学确立时代新人培养基本原则提供了重要前提。

2018年9月10日，习近平总书记在全国教育大会上系统总结了推进我国教育改革发展的"九个坚持"：坚持党对教育事业的全面领导，坚持把立德树人作为根本任务，坚持优先发展教育事业，坚持社会主义办学方向，坚持扎根中国大地办教育，坚持以人民为中心发展教育，坚持深化教育改革创新，坚持把服务中华民族伟大复兴作为教育的重要使命，坚持把教师队伍建设作为基础工作。这"九个坚持"是中国共产党对时代新人培养的总体规律性认识，深刻回答了"培养什么人、怎样培养人、为谁培养人"这一根本问题，是我们党对教育事业规律性认识的深化，是时代新人培养的根本遵循。

在这次教育大会上，习近平总书记对时代新人培养提出的要求包括：要在坚定理想信念上下功夫，要在厚植爱国主义情怀上下功夫，要在加强品德修养上下功夫，要在增长知识见识上下功夫，要在培养奋斗精神上下功夫，要在增强综合素质上下功夫，要树立健康第一的教育理念，要全面加强和改进学校美育，要在学生中弘扬劳动精神。这些要求既是对怎样培养人的系统经验总结，又是深刻的方法论概括，直接关涉时代新人培养目标的实现，是中国共产党对时代新人培养内容的规律性认识。

2016年12月，习近平总书记在全国高校思想政治工作会议上强调，"做好高校思想政治工作，要因事而化、因时而进、因势而新。要遵循思想政治工作规律，遵循教书育人规律，遵循学生成长规律，不断提高工作能力和水平"①。这是中国共产党对时代新人培养思想政治工作的规律性认识。遵循思想政治工作规律，就要坚持社会主义办学方向，强化科学理论指导引领，落实立德树人根本任务；遵循教书育人规律，就要把提高教师思想政治素质和职业道德水平摆在首要位置，引导教师坚持教书和育人相统一、言传和身教相统一、潜心问道和关注社会相统一、学术自由和学术规范相统一；

---

① 《习近平谈治国理政》第二卷，外文出版社2017年版，第378页。

遵循学生成长规律，就要注重知识体系的搭建，注重价值观的塑造，注重情感心理的培育。①

"八条经验"是中国共产党对时代新人培养的人才工作规律性认识。2021 年 9 月 27 日，习近平总书记在中央人才工作会议上强调，要坚持党对人才工作的全面领导，坚持人才引领发展的战略地位，坚持面向世界科技前沿、面向经济主战场、面向国家重大需求、面向人民生命健康，坚持全方位培养用好人才，坚持深化人才发展体制机制改革，坚持聚天下英才而用之，坚持营造识才爱才敬才用才的环境，坚持弘扬科学家精神。② 这是探索时代新人培养科学原则的重要原理，使党的人才工作始终体现时代性、把握规律性、富于创造性，是我们党对时代新人培养思想政治工作的规律性认识。

二、高校时代新人培养的基本原则

实践是人类能动地改造世界的客观物质性活动。实践的过程是主体客体化和客体主体化双向对象化的统一，既具有客观性、现实性和感性，也具有主观性、批判性和超越性。建构实践原则，是实践得以有效开展的重要前提和基础。培养堪当民族复兴大任的时代新人是一个具有系统性、复杂性的工程。高校时代新人培养的基本原则，是高校时代新人培养体系不可或缺的重要组成部分，是高校根据国家的教育方针、政策，以及高校的使命与责任，教育规律、人才成长规律和人才培养规律，以及高校人才培养实践中正反两方面的经验教训而制定的，是高校和高校教师围绕"时代新人"这一设定目标，贯穿于时代新人培养全过程需要遵循的基本规定或准则，主要包括以下几个原则。

---

① 参见韩宪洲：《增强高校思想政治工作实效性必须遵循"三大规律"》，《学习时报》2018 年 3 月 30 日。

② 参见《习近平谈治国理政》第四卷，外文出版社 2022 年版，第 538—540 页。

（一）目的性原则

原则是相对于目的而言的，离开了目的，也就不存在有意义的原则了。目的性原则，是任何实践活动的第一原则，也是高校时代新人培养的首要原则。高校时代新人培养的目的性原则，核心是三个方面的内容。

一是政治导向的合目的性。高校培养时代新人，必须胸怀"国之大者"，牢牢把握"培养什么人、怎样培养人、为谁培养人"这一教育的根本问题，必须明确目的是培养德智体美劳全面发展的社会主义建设者和接班人，坚持中国共产党的领导，坚持以习近平总书记关于教育的重要论述为指导，坚持社会主义办学方向，确保时代新人爱党爱国爱社会主义的正确方向。

二是事业导向的合目的性。担当民族复兴大任，是时代新人的使命与责任，也是时代新人培养的直接目的。至真至深的家国情怀，是中华民族的精神原乡，是中华民族生生不息、踔厉奋发、逐梦前行的不竭源动力。高校时代新人培养，必须坚持厚植学生家国情怀，必须坚持传承与弘扬伟大民族精神和中华优秀传统文化，必须坚持教育引导学生投身坚持和发展中国特色社会主义事业、全面建设社会主义现代化国家、实现中华民族伟大复兴中国梦的伟大奋斗之中。

三是能力导向的合目的性。时代新人不仅必须愿担当民族复兴大任，更必须能担当民族复兴大任。空谈误国、实干兴邦，民族复兴一定是"撸起袖子加油干"出来的。青年只有"有本领"，才能敢想敢为又善作善成，才能堪当大任，才能让青春在全面建设社会主义现代化国家的火热实践中绽放绚丽之花。高校时代新人培养，必须坚持将培养学生过硬的本领放在重要的位置，不仅要针对理论培养，也要针对实践培养；不仅要针对国内培养，也要针对国际培养；不仅要针对基础培养，也要针对创新培养；不仅要针对当下培养，也要针对未来培养。

（二）主体性原则

主体性，是人的本质属性。"从前的一切唯物主义——包括费尔巴哈的唯物主义——的主要缺点是：对对象、现实、感性，只是从客体的或者直观的形式去理解，而不是把它们当作人的感性活动，当作实践去理解，不是从主体方面去理解。"① 主体性原则，是马克思主义实践唯物主义的根本原则。无论是作为高校时代新人培养主体的高校和高校教师，还是作为培养客体的学生，都是具备认识和实践能力的现实的人。他们在培养实践中，相互依存、相互转化，都在不断进行着客体主体化，表现出能动、自主、客观、社会、创造等特性，同时也都在不断进行着主体客体化，表现出受动、依存、主观、个体、平凡等特性。有主体便有主体性；有主体性，便有主体性原则。高校时代新人培养的主体性原则，核心是三个方面的内容。

一是充分尊重和调动作为被培养者的学生的主体性。在高校时代新人的培养过程中，学生既是客体，也是主体。作为客体，学生是高校和高校教师培养时代新人这一实践的对象。作为主体，学生在被培养成时代新人的过程中，具有巨大的能动作用，不仅会有选择、有鉴别地对待高校和高校教师的培养，而且会或主动或被动地以其特有方式去影响作为培养主体的高校和高校教师。因此，高校时代新人的培养，必须承认学生的主体地位，以平等互动模式取代单向要求模式，实现"主体客体化"和"客体主体化"。

二是要将培养学生的主体性作为时代新人培养的重要目标。现代化是一种结果，更是一种进程，永远在路上。人的现代化是现代化的核心。时代新人培养的过程，本质上就是人的现代化建设的过程。人的现代化的内涵丰富，包括人的思想观念、思维方式、能力本领、行为方式、生活方式、社会关系等的现代化，但核心是人的主体性的健康发展，实现从"人的依赖关系"到"人的独立性"最后到"人的自由个性"的飞跃。高校时代新人培

---

① 《马克思恩格斯选集》第 1 卷，人民出版社 1995 年版，第 58 页。

养，应自觉将培养学生的主体性作为培养的重要目标，教育引导学生坚定成为时代新人的自我意识与自觉意识，不断进行自我教育与自我发展。

三是充分发挥高校和高校教师的主体性。培养主体是启动时代新人培养实践的最初动力要素，具有能动性、主导性、创造性、前瞻性等属性，是推动培养实践不断深化升华的核心力量。高校和高校教师作为高校时代新人培养的主体，只有具有高度的主体性，才能具有培养时代新人的强烈责任感和事业心，才能深刻认识社会与时代对时代新人的要求，才能自觉重视和培养学生的主体性，才能不断对培养实践进行改革和创新，不断提升时代新人培养的有效性和实效性。

（三）匹配性原则

匹配就是配合和搭配，尽管在不同的领域有着不同的意思，但基本都以绩效为基本导向。任何完美匹配都是基于科学性的最大匹配。匹配性原则是科学性的直接要求，是针对性的具体体现，是实效性的保障。高校时代新人培养必须坚持匹配性原则，核心内容主要包括三个方面。

一是培养理念的匹配性。理念是基于对本质规律及其价值的认识而形成的对"应然"的根本性判断，对行为起着指导和统摄作用。先进的教育理念是培养高质量人才的前提。先进的教育理念必须符合客观规律，这是培养理念匹配性原则的核心要求。高校时代新人培养，是时代的呼唤与要求，既要守正，更要创新。高校时代新人培养理念的构建与实践，首要的要求就是必须符合思想政治工作规律、教书育人规律和学生成长规律这"三大规律"，并在培养的交互作用中不断升华对科学理念的认识并指导培养实践。

二是培养目标的匹配性。培养德智体美劳全面发展的社会主义建设者和接班人，是高校时代新人培养要坚持的一贯目标。堪当民族复兴大任，是高校时代新人培养的时代直接目标。高校时代新人培养目标的匹配性，就是要求高校在时代新人具体的培养实践中，在坚持培养的一贯目标和直接目标的同时，根据不同领域、不同培养对象对一贯目标和直接目标进一步具体化，根据培养体系内外宏观和微观的主客观环境与条件的变化而对一贯目标和直接目标的具体化不断调整和优化。

三是培养过程的匹配性。培养过程是培养的各种要素相互作用的过程和培养目标实现的过程。培养主体、培养客体、培养内容、培养的方式方法，是培养最核心的要素。高校时代新人培养过程的匹配性，就是要求培养主体要基于"言为世则，行为世范"的要求，与培养客体建构积极关系；要求培养主体基于自身的特点与风格结合培养内容选择针对性的培养方式方法；要求培养内容要基于并高于培养客体的现状，保持适度的张力；要求培养的方式方法切合培养客体的偏好与兴奋点；要求培养主体、培养客体、培养内容、培养的方式方法整体构成一个相互衔接与协调的有机系统。

（四）伦理性原则

人是社会实践的主体，既在现实社会中被塑造，又在推动社会进步中实现自身发展。时代新人培养是一种具有鲜明社会价值导向的社会活动，是发生在人与人、人与社会中一种现实并影响长远的社会关系，必须坚持伦理性原则。高校时代新人培养的伦理性原则，核心要求是对作为培养对象的学生不能产生消极和负面影响，内容主要包括两个方面。

一是培养要坚持正确的伦理导向，引导被培养者实现人的自由而全面的发展。实现人的自由而全面的发展，是马克思主义追求的根本价值目标，也是共产主义社会的根本特征。中华民族的伟大复兴是民族振兴、国家富强、人民幸福的有机统一，实质就是对马克思主义"人的自由而全面的发展"理论的继承和发展，这也是时代新人培养的应有之义。高校时代新人培养的伦理性原则，首先就是伦理导向不能偏向，必须坚持以坚定的共产主义理想为信仰标识，以担当民族复兴大任为历史使命，以德智体美劳全面发展为素质要求，以不断增强做中国人的志气、骨气、底气为精神气质，以构建人类命运共同体为世界情怀。

二是培养本身的合伦理性。实践本身就暗含了伦理性的要求，伦理必然要求实践。高校时代新人培养实践，也是一种现实的伦理实践。只有培养本身合伦理性，才能真正培养出"有道德"的时代新人。首先，高校时代新人培养本身的合伦理性要求作为培养主体的高校和高校教师必须具有道德良心，对作为被培养者的学生抱有强烈的道德责任感；其次，要求培养实践必须充分尊重学生作为人的各项权利、自觉维护学生的人格尊严；再次，要求培养实践必须以一种道德上可以接受的方式对学生施加积极影响；最后，要求必须正确对待学生的个体差异，尽最大可能调动学生的主观能动性。

（五）持续性原则

时代本身的特点与中华民族伟大复兴的历史使命，要求高校时代新人培养必须坚持持续性原则。"时间之河川流不息，每一代青年都有自己的际遇和机缘，都要在自己所处的时代条件下谋划人生、创造历史。"[①] 时代既包括对过去的缅怀，也包括对当下方位的判断，更包括对未来趋向的把握。时代本身的发展，要求时代新人必须也是可持续发展的。尽管"我们比历史上任何时期都更接近、更有信心和能力实现中华民族伟大复兴的目标"，但"中华民族伟大复兴，绝不是轻轻松松、敲锣打鼓就能实现的"。[②] 在某种意义上说，中华民族伟大复兴永远在路上，可持续性发展本身就是伟大复兴的应有之义。高校时代新人培养的可持续性原则，主要内容包括两个方面。

一是时代新人的可持续性培养。一方面，时代新人的人才标准是不断动态变化的。高校要根据需要及时调整时代新人的培养目标，调整和创新人才培养方案并认真实施。另一方面，每一个时代新人的培养都是一个漫长的过程，都需要持续性的努力。高校时代新人培养，必须坚持"功成不必在我"和"功成必定有我"的辩证统一，将时代新人培养作为一项长期战略任务，保持历史耐心和当下定力，以钉钉子精神，不断创造出"功成必定有我"的成绩。

---

① 《习近平谈治国理政》第一卷，外文出版社 2018 年版，第 167 页。
② 习近平：《决胜全面建成小康社会 夺取新时代中国特色社会主义伟大胜利——在中国共产党第十九次全国代表大会上的报告》，人民出版社 2017 年版，第 15 页。

二是更加注重时代新人本身可持续发展能力的培养。在中华民族伟大复兴战略全局中，一代人有一代人的使命，一代人有一代人的担当。民族复兴征程中，时代新人是第一主角。高校时代新人培养，一方面，在注重当下培养目标实现的过程中，要注重稳固学生后续健康、创新、持久发展的基础，增强可持续发展的后劲；另一方面，更要将终身可持续成长与发展作为时代新人培养的重要目标，自觉践行可持续的培养理念，培养学生可持续发展的意识和能力。

第三节　高校时代新人培养的基本路径

路径，是相对于目标而言的，一般表示途径性指向，指实现最终目标的实践门径、门路。高校时代新人培养的路径，就是高校实现时代新人培养目标的具体途径。习近平总书记强调，要把立德树人融入思想道德教育、文化知识教育、社会实践教育各环节，贯穿基础教育、职业教育、高等教育各领域，学科体系、教学体系、教材体系、管理体系要围绕这个目标来设计。培根、铸魂、启智、润心就是高校时代新人培养的基本路径。

一、培根

"根"就是事物的本源和来由，根基和本质。根之于树，是长高之本；根之于水，是长流之源；根之于人，是立命安身之基。人是自然属性和社会属性合一的生物，人在生物学意义上的自然属性，是人成为生物的标志；劳动促进了人的独有生物属性的发展，推动着人的类本质的实现，赋予了人社会属性；人结成社会，形成民族，文化是血脉。高校时代新人培养，首先就是要培根，以体育培时代新人身体之根，以劳动教育培时代新人实践之根，以文化自觉培时代新人血脉之根。

以体育培时代新人身体之根。"体育强则中国强，国运兴则体育兴"，"强国必先强民，强民必先强体"。身体是革命的本钱。担当民族复兴大任的时代新人，不仅要有健康的体魄，还要有"更快、更高、更强"的体育精神。蔡元培先生担任北京大学校长时，就强调"完全人格，首为体育"的教育理念。习近平总书记强调："要树立健康第一的教育理念，开齐开足体育课，帮助学生在体育锻炼中享受乐趣、增强体质、健全人格、锤炼意志。"① 体育，是中国特色社会主义教育制度的重要内容，是践行"五育并举"人才培养任务的关键要素，其功能不仅在于强健学生的身体素质，而且在于弘扬社会主义核心价值观，培养学生爱国主义、集体主义、社会主义精神和奋发向上、顽强拼搏的意志品质，发挥以体育智、以体育心的独特功能。高校时代新人培养中的体育，必须落实"健康第一"的教育理念，以增强学生体质健康和综合素质为根本方向，以不断深化体育教学改革为基础保障，坚持课堂教学与课外活动相衔接、培养兴趣与提高技能相促进、群体活动与运动竞赛相协调、全面推进与分类指导相结合，构建体系健全、制度完善、充满活力、注重实效的中国特色高校体育发展格局。

以劳动教育培时代新人实践之根。恩格斯说："劳动是整个人类生活的第一个基本条件，而且达到这样的程度，以致我们在某种意义上不得不说：劳动创造了人本身。"② 马克思也曾指出，"劳动已经不仅仅是谋生的手段，而且本身成了生活的第一需要"③。习近平总书记强调："劳动是财富的源泉，也是幸福的源泉。"④ 劳动更是与中华民族伟大复兴息息相关，"正是因为劳动创造，我们拥有了历史的辉煌；也正是因为劳动创造，我们拥有了今天的成就"⑤，也必将创造出中华民族的光明未来，因此，要"扎根中国大

① 《习近平著作选读》第二卷，人民出版社 2023 年版，第 201 页。
② 《马克思恩格斯文集》第 9 卷，人民出版社 2009 年版，第 550 页。
③ 《马克思恩格斯全集》第 25 卷，人民出版社 2001 年版，第 20 页。
④ 《习近平谈治国理政》第一卷，外文出版社 2018 年版，第 46 页。
⑤ 习近平：《在庆祝"五一"国际劳动节暨表彰全国劳动模范和先进工作者大会上的讲话》，《人民日报》2015 年 4 月 29 日。

地办教育,同生产劳动和社会实践相结合"①,要"教育引导学生崇尚劳动、尊重劳动,懂得劳动最光荣、劳动最崇高、劳动最伟大、劳动最美丽的道理"②。劳动教育是高校培养时代新人的重要途径,必须认真落实中共中央、国务院印发的《关于全面加强新时代大中小学劳动教育的意见》,以"着力吸收精神养分、汲取精神力量、激发精神共鸣"为核心培养学生的劳动精神,以"为谁劳动、从事什么劳动、如何对待劳动"为核心培养学生的劳动观念,以"着力增强体魄、发展智能、增长技能"为核心培养学生的劳动能力。

以文化自觉培时代新人血脉之根。习近平总书记强调:"一个民族的复兴需要强大的物质力量,也需要强大的精神力量。没有先进文化的积极引领,没有人民精神世界的极大丰富,没有民族精神力量的不断增强,一个国家、一个民族不可能屹立于世界民族之林。"③ 文化既是民族复兴的深层动力,也是民族复兴的重要内容。时代新人只有具备深厚的文化涵养和广阔的文化视野,才能在民族复兴的征途上不迷失、不迷茫。高校时代新人培养,必须注重学生文化自信的教育,引导他们从思想和实践上形成文化自觉,以"精神成人"擦亮中国人的灵魂底色。要加强中华优秀传统文化教育,培育学生的民族精神,夯实学生的基因命脉,自觉担负起传承与弘扬的使命;要加强革命文化教育,培育学生的担当精神,夯实学生的精神命脉,自觉担负起传播与践行的使命;要加强社会主义先进文化教育,培育学生的奋斗精神,温润学生的思想和心灵,自觉担负起开拓与创造的使命。

二、铸魂

"魂",本意是古人想象的能离开人体而存在的精神,引申为人深层的

---

① 习近平:《思政课是落实立德树人根本任务的关键课程》,《求是》2020 年第 17 期。
② 《习近平著作选读》第二卷,人民出版社 2023 年版,第 202 页。
③ 习近平:《在文艺工作座谈会上的讲话》,人民出版社 2015 年版,第 5 页。

思想和信念，是一个人、一个国家和民族的生存与发展之基。对一个人来说，生命没有灵魂，就与行尸走肉无异；对一个国家和民族来说，失去了灵魂，也就失去生存与发展的动力与方向，必然一盘散沙、萎靡不振。所以，习近平总书记强调，一个国家、一个民族不能没有灵魂。马克思主义是我们立党立国的根本指导思想，是我们党的灵魂和旗帜。高校时代新人培养，最重要的就是做好"铸魂"工程。

第一，用中国化时代化的马克思主义铸牢青年学生的科学信仰之魂。理论是行动的先导。"理论一经掌握群众，也会变成物质力量。理论只要说服人，就能掌握群众；而理论只要彻底，就能说服人。所谓彻底，就是抓住事物的根本。而人的根本就是人本身。"① 马克思主义是科学的思想理论，是科学的信仰，是中国共产党人的灵魂。"中国共产党为什么能，中国特色社会主义为什么好，归根到底是马克思主义行，是中国化时代化的马克思主义行。"② 这是历史的结论。习近平新时代中国特色社会主义思想坚持把马克思主义基本原理同中国具体实际相结合、同中华优秀传统文化相结合，是当代中国马克思主义、二十一世纪马克思主义，是中华文化和中国精神的时代精华，实现了马克思主义中国化时代化新的飞跃。高校时代新人培养，首要任务就是用习近平新时代中国特色社会主义思想武装学生头脑，教育引导学生深刻把握习近平新时代中国特色社会主义思想的世界观和方法论，坚持用马克思主义的立场、观点和方法观察分析时代问题，将这一科学理论转化为实践中的物质力量，全面推进中华民族伟大复兴。

第二，用中国特色社会主义共同理想铸牢青年学生的理想信念之魂。时代新人是中国特色社会主义建设者和接班人，要"接好坚持马克思主义信仰、为共产主义远大理想和中国特色社会主义共同理想而奋斗的班。如果我们培养出来的人都不信奉马克思主义、共产主义了，不举中国特色社会主义

---

① 《马克思恩格斯文集》第 1 卷，人民出版社 2009 年版，第 11 页。
② 《习近平著作选读》第一卷，人民出版社 2023 年版，第 14 页。

这面旗了，就会发生东欧剧变、苏共垮台、苏联解体那种'故国不堪回首月明中'的悲剧"①。理想信念是一个人人生的第一粒扣子，是一个人思想和行为的总开关，是一个人的精神之钙。时代新人要担当民族复兴重任，就必须坚持"革命理想高于天"。高校时代新人培养，就是培养学生坚定理想信念，自觉将个人理想融入共产主义远大理想和中国特色社会主义共同理想之中，知之信之，信之行之，无论顺境逆境，都矢志不渝为中国特色社会主义伟大事业而顽强奋斗、艰苦奋斗、不懈奋斗。

第三，用中华民族伟大复兴中国梦铸牢青年学生的精神动力之魂。"建设富强民主文明和谐的社会主义现代化国家，实现中华民族伟大复兴，是鸦片战争以来中国人民最伟大的梦想，是中华民族的最高利益和根本利益。"②高校时代新人培养就是要"用中国梦激扬青春梦，为学生点亮理想的灯、照亮前行的路。要向学生讲清楚实现中华民族伟大复兴是中华民族近代以来最伟大的梦想，需要一代又一代人接续奋斗；讲清楚中国梦是国家的梦、民族的梦，也是每个中国人的梦，当代学生建功立业的舞台空前广阔，梦想成真的前景无限光明。要激励学生自觉把个人的理想追求融入国家和民族的事业中，勇做走在时代前列的奋进者、开拓者，书写无愧于时代的青春之歌和精彩人生"③。

三、启智

智育是时代新人培养的重要途径。"智"本来通"知"，但随着认识论的发展，出现了分化。一般认为，知识是智慧的基础，但智慧却不能简单等同于知识。知识是对认识对象客观性状的认识，包括对外显状况的"识"

---

① 习近平：《努力成长为对党和人民忠诚可靠、堪当时代重任的栋梁之才》，《求是》2023 年第 13 期。
② 《习近平著作选读》第一卷，人民出版社 2023 年版，第 240 页。
③ 《习近平著作选读》第一卷，人民出版社 2023 年版，第 542—543 页。

和对内在性质的"知"，属于科学的范畴；智慧则是获得和运用知识的一般的普遍的思维与方法，属于哲学的世界。知识和智慧，是人们在认识和改造主客观世界的交互作用中，不断实现的认识飞跃，知识是人们认识的第一个飞跃，是从"无知"到"知识"的飞跃；"智慧"是人们认识的第二个飞跃，是知识到智慧的飞跃。"教育科学中最难的问题，也是最核心的问题，是教育科学的基础理论，即人的知识和应用知识的智力是怎样获得的"①。高校时代新人培养，很重要的就是启智、增智，这就要求着力夯实时代新人的知识见识，着力培育时代新人的科学思维方法，着力提升时代新人的创新创造能力。

第一，着力夯实时代新人的知识见识。知识见识是智慧的本源，习近平总书记指出："知识是每个人成才的基石，在学习阶段一定要把基石打深、打牢。学习就必须求真学问，求真理、悟道理、明事理，不能满足于碎片化的信息、快餐化的知识。要通过学习知识，掌握事物发展规律，通晓天下道理，丰富学识，增长见识。人的潜力是无限的，只有在不断学习、不断实践中才能充分发掘出来。建设社会主义现代化强国，发展是第一要务，创新是第一动力，人才是第一资源。希望广大青年珍惜大好学习时光，求真学问，练真本领，更好为国争光、为民造福。"② 高校时代新人培养，知识教育仍然非常重要，既要注重知识的宽度，又要注重知识的深度。在教的方面，不仅要教授成熟的知识，更要教授前沿知识；不仅要教授本学科、本专业的知识，还要教授跨学科、交叉学科的知识；不仅要教授事物内在性质的"知"，也要教授外显状况的"识"。更重要的是，要进行教授方法改革，要将"灌输"转变为启迪、启发。在学的方面，不仅要学书本教材上的知识，也要学习社会前沿的知识；不仅要学本学科、本专业的知识，也要学相邻相近学科的知识；不仅要学清事物内在之知，也要努力通过各种途径扩展自己

① 钱学森：《关于思维科学》，上海人民出版社 1986 年版，第 448 页。
② 习近平：《在北京大学师生座谈会上的讲话》，人民出版社 2018 年版，第 13 页。

的视野、增长见闻见识；学习方法也要从死记强记，到更注重求真理、悟规律、悟道理、明事理。

第二，着力培育时代新人的科学思维方法。思维方法是思维活动实现特定思维目的的中介和桥梁。思维能力是智力结构的核心。科学的思维方法是开启知识的钥匙，是获取知识的基础，是应用知识的纽带，是转知为智的关键。"授人以鱼不如授人以渔"。在知识爆炸、知识半衰期加速的今天，在相当程度上，掌握科学的思维方法比识记知识本身更重要。一个人是否受过教育，根本标准不在于受教育者记住了多少知识和事实，而在于受教育者是否学会了思考、运用知识见识。时代新人要肩负民族复兴大任，就必须掌握科学的思维方法，这既是他们学好知识的基础，也是增强本领、运用知识的关键。高校时代新人培养，既要关注知识的积累，更要注重科学思维的锤炼，引导学生实现科学知识向科学方法的转化。习近平总书记强调："青年时期是培养和训练科学思维方法和思维能力的关键时期，无论在学校还是在社会，都要把学习同思考、观察同思考、实践同思考紧密结合起来，保持对新事物的敏锐，学会用正确的立场观点方法分析问题，善于把握历史和时代的发展方向，善于把握社会生活的主流和支流、现象和本质……养成了历史思维、辩证思维、系统思维、创新思维的习惯，终身受用。"①

第三，着力提升时代新人的创新创造能力。知识对应人的基本实践能力，思维对应人的综合实践能力，智慧对应人的创新创造能力。创新创造能力是人的实践能力的高级阶段，对国家和民族尤其重要。创新是当今时代发展的主旋律。习近平总书记强调："创新是一个民族进步的灵魂，是一个国家兴旺发达的不竭动力，也是中华民族最深沉的民族禀赋。在激烈的国际竞争中，惟创新者进，惟创新者强，惟创新者胜。"②"创新是引领发展的第一动力。抓创新就是抓发展，谋创新就是谋未来。适应和引领我国经济发展新

---

① 习近平：《论党的青年工作》，中央文献出版社 2022 年版，第 142 页。
② 《习近平关于科技创新论述摘编》，中央文献出版社 2016 年版，第 3 页。

常态，关键是要依靠科技创新转换发展动力。"① 实现中华民族伟大复兴的新征程上，既有前所未有的发展机遇，也有可以预见和不可预见的各种风险挑战，只有坚持创新才能牢牢把握主动权。青年是社会上最富活力、最具创造性的群体，理应走在创新创造前列。肩负民族复兴大任的时代新人，必须扎扎实实扎根中国大地，以实干巧干的实践能力解决中国的现实问题，必须具备开拓进取、勇于改革创新创造的精神和能力。高校时代新人培养，必须着力于学生创新意识的培养、创新潜能的激发和创新精神的弘扬，提升时代新人的创新创造能力，将学生培养成创新型人才，为建成创新中国凝聚磅礴力量。

四、润心

在社会科学领域，"心"通常由人或动物的心脏引申为心理、心意、心思等，泛指人的健全人格。"人格是指个人的道德品质，是人的气质、能力、性格等特征的总和，是个体在对人、对事、对己等方面的社会适应中行为上的内部倾向性和心理特征。"② 健全人格就是人格的生理、心理、道德、社会各要素完美统一、平衡和协调。健全人格的培养，是教育的重要目标。在2018年召开的全国教育大会上，习近平总书记就强调教育工作要以凝聚人心、完善人格、开发人力、培育人才、造福人民为工作目标，将完善人格列为新时代教育工作五大目标之一。高校时代新人培养，就要润心，培养学生的健全人格。学生健全人格的培养，核心是以社会主义核心价值观培育学生的道德人格，以心理健康教育培育学生的心理人格，以审美教育培育学生的审美人格。

"道德之于个人、之于社会，都具有基础性意义，做人做事第一位的是

---

① 《习近平关于科技创新论述摘编》，中央文献出版社2016年版，第7页。
② 刘玉玲、姜永法：《以健全人格为目标的大学生思想政治教育研究》，《教育教学论坛》2022年第13期。

崇德修身。"① 道德人格是健全人格中的基础性和决定性因素。道德人格对
个人和社会发展，都具有能动作用。能否培养出具有中国特色社会主义新时
代道德人格的时代新人，对中华民族伟大复兴至关重要。道德人格的培养，
必须"坚持以社会主义核心价值观为引领，将国家、社会、个人层面的价
值要求贯穿到道德建设各方面，以主流价值建构道德规范、强化道德认同、
指引道德实践，引导人们明大德、守公德、严私德"②。高校时代新人培养，
应积极落实立德树人根本任务，将道德人格的培养作为德育工作的重点。
习近平总书记强调，培养社会主义建设者和接班人要在加强品德修养上下功
夫，教育引导学生培育和践行社会主义核心价值观，踏踏实实修好品德，成
为有大爱大德大情怀的人。

心理人格是个人所具有的心理特征的总和，是人强烈追求自己的对象的
本质力量的体现。其中，心理健康是心理人格的基础与核心，要把全面加强
和改进学生心理健康教育工作作为培育担当民族复兴大任的时代新人的重要
内容。健康的心理人格是时代新人担当民族复兴大任必须具备的素养。只有
具有健康的心理人格，才能沉着理智对待和处理世界百年未有之大变局下的
各种竞争压力与矛盾冲突。高校时代新人培养，应把学生心理健康工作摆在
更加突出的位置，以心理健康教育培育学生的心理人格，应坚持标本兼治，
既要对已经出现心理问题的学生进行帮扶、干预，帮助他们走出困境；更要
以育人为导向，立足学生的成长与发展，积极构建富有中国特色的心理健康
教育体系，为学生健康心理人格培育赋能，为时代新人健康成长营造良好
环境。

爱美之心，人皆有之。"人也按照美的规律来构造。"③ 审美人格是在更
高的层次上包容和整合了道德人格和心理人格，"是关于人格发展状态的预
设和期待，它应该包容人格所有美好的方面，具有和谐、个性、自由、超越

---

① 《习近平关于青少年和共青团工作论述摘编》，中央文献出版社 2017 年版，第 27 页。
② 《新时代公民道德建设实施纲要》，人民出版社 2019 年版，第 4 页。
③ 《马克思恩格斯全集》第 3 卷，人民出版社 2002 年版，第 274 页。

与创造等多种特征"①。审美人格的价值不仅在于审美本身，更在于作为一种中介，参与并帮助健全人格中其他部分的构建、完善、提高与完成。美育，也不仅仅是审美教育，更是情操教育和心灵教育，对于立德树人具有不可替代的作用。正因为如此，习近平总书记强调："要全面加强和改进学校美育，配齐配好美育教师，坚持以美育人、以文化人，提高学生审美和人文素养。"② 党和国家的教育方针，也特别强调德智体美劳全面发展。以审美教育培育学生的审美人格，是高校时代新人培养的应有之义，更是义不容辞的使命与责任。

第四节　高校时代新人培养的基本方法

方法不同于手段、途径。手段、途径是物化的，以实体形态存在，不以人的意志为转移。手段、途径等只有进入具有主体性的人的视域，与认识客观世界和改造客观世界的特定目的目标结合，才可能转化为方法，具体体现为为完成和实现特定的目的目标，在作为主体的人的特定逻辑关系的框架下，随着需要解决问题方面的条件的变化，而不断变化的方式、途径和程序的总和。即使面对同样的目的目标，采取同样的手段、途径，因不同的主体有不同的逻辑关系框架，因而采取的方法总是有差别的，解决问题的效率也是不同的。高校时代新人培养的基本方法，包括原则方法、具体方法、操作方法、特殊方法和综合方法等不同层次，在时代新人培养过程中，也要随着需要解决问题方面的条件的变化，不断时代化、特色化、现代化、多样化和立体化。

---

① 何齐宗：《审美人格论纲》，《教育研究与实验》2004 年第 4 期。
② 《习近平著作选读》第二卷，人民出版社 2023 年版，第 201 页。

一、时代化的原则方法

原则方法是具有方法论意义的宏观的、纲领性的方法层次，在解决问题的全过程中，具有规定性作用，指导着其他层面的方法的方向、准则和要求。时代新人的"时代"是指新时代，民族复兴具有新空间、新使命和新任务；"新人"是指在新时代承担中华民族伟大复兴事业的新主体和新力量；"时代新人"则是富有"时代"特征能够作出新作为新贡献的"新人"。因此，时代化的时代新人培养的原则方法，也应从"时代"、"新人"和"时代新人"三个维度的时代化入手。

加强习近平新时代中国特色社会主义思想的理论武装。时代是思想之母，实践是理论之源。科学的理论本身蕴含着磅礴的力量，关键在于是否掌握群众和为群众所掌握。党的十九大报告指出，习近平新时代中国特色社会主义思想，是对马克思列宁主义、毛泽东思想、邓小平理论、"三个代表"重要思想、科学发展观的继承和发展，是马克思主义中国化最新成果，是党和人民实践经验和集体智慧的结晶，是中国特色社会主义理论体系的重要组成部分，是全党全国人民为实现中华民族伟大复兴而奋斗的行动指南，必须长期坚持并不断发展。加强时代新人培养，必须"从时代高度看待理论武装新形势，从政治高度把握理论武装新使命，从战略高度贯彻理论武装新要求，从实践高度探索理论武装新经验"①，使习近平新时代中国特色社会主义思想成为时代新人的"必修课"和"压舱石"，贯穿于时代新人成人成才的全方位、全过程，成为他们认识自身改造自身、认识世界改造世界的基本立场、观点和方法。这是培养时代新人的根本方法论。

在时代新人素质的短板弱项下功夫。新人要承担新的担当与使命，就必须符合新的素质要求。从"又红又专"到"四有"新人，重视新人的素质

---

① 颜晓峰：《深化理论武装推进思想建党》，《解放军报》2019年7月26日。

构成与教育，是培育新人的基本做法。培养担当民族复兴大任的时代新人，在素质结构上与以往新人并无本质区别，但基于时代特征，在质量上的要求更高，要能匹配和支撑坚定不移走高质量发展之路，这就要求我们建设教育强国和人才强国，补齐时代新人素质的短板，在提高新人的素质质量上下功夫。基于新时代青少年环境成长的特征，在激烈的国际国内市场竞争中发展的现实，我们应补强新人时代素质的弱项，在坚定理想信念上下功夫、在厚植爱国主义情怀上下功夫、在加强品德修养上下功夫、在增长知识见识上下功夫、在培养奋斗精神上下功夫、在增强综合素质上下功夫，注重他们身心健康素质、劳动素质、审美素质等的培养。这是培养时代新人的重要方法论。

激发时代新人新征途上的精神状态。毛泽东同志曾指出："人是要有一点精神的，无产阶级的革命精神就是由这里头出来的。"[1] 精神状态是一个时代的风貌，更是时代新人的内核要求。习近平总书记明确提出："青年一代的理想信念、精神状态、综合素质，是一个国家发展活力的重要体现，也是一个国家核心竞争力的重要因素。"[2] 实际上，习近平总书记在不同场合对时代新人提出的希望，如中华民族复兴大任的担当者，走在时代前列的奋进者、开拓者、奉献者，有理想、有本领、有担当的青年一代，顺应时代潮流的坚定者、奋进者、搏击者，德智体美劳全面发展的社会主义建设者和接班人，努力成为立大志、明大德、成大才、担大任的时代新人，努力成长为堪当民族复兴重任的时代新人等，更多的是在强调时代新人的精神状态。培养时代新人，就必须持之以恒地激发时代新人在新征途上的精神状态，这是培养时代新人的核心方法论。

二、特色化的具体方法

原则方法是总的方法，是方法论，是关于方法的方法，却难以在执行层

① 《毛泽东文集》第七卷，人民出版社 1999 年版，第 162 页。
② 《习近平关于青少年和共青团工作论述摘编》，中央文献出版社 2017 年版，第 9 页。

面达成具体的目的和目标。达成具体的目的和目标，需要与之对应的具体方法。时代新人培养的具体方法，就是在培养每个环节中连接起培养者、被培养者与培养内容的桥梁，并在每个环节中起主导作用。时代新人是一个宏观概念，具体到各行各业，各行各业的时代新人都有着特殊性。即使在各行各业内，也都有着各自的类别与特殊性。时代新人培养，在坚持矛盾普遍性的同时，还必须着眼于矛盾的特殊性，采取特色化的具体方法。

发挥针对性评价对培养的导引功能。评价作为客体满足主体需要程度的一种价值判断活动，具有导向功能、诊断功能、鉴定功能、激励功能、调节功能、监督功能、管理功能、教育功能等众多功能，是推进工作、实现目的和目标常用的重要方法。评价的一般程序步骤包括确立评价标准、决定评价情境、设计评价手段、利用评价结果。首先，在时代新人培养中运用针对性评价，必须制定针对性的评价标准，这是前提和基础。评价标准的针对性，一方面是针对不同的培养主体，既包括家庭、学校、政府等培养主体，也包括分层分类的被培养者；另一方面是针对培养者的培养过程和被培养者的培养素质。科学的评价标准本身，就可以发挥时代新人培养的导向作用。其次，要开展针对性的评价活动，既包括形成最终价值判断的结果性评价，也包括对评价对象建构实施的过程性评价，充分发挥评价活动本身对时代新人培养的导引、诊断、监督、管理等功能。最后，要用好评价结果，形成定性、定量、定性与定量相结合的详细评价结果，以科学的形式进行评价反馈，并将评价结果用于周期性的管理和调控，促进培养更好地开展。

指导时代新人开展针对性的生涯规划与实践。生涯规划是连接个人与社会、现实与理想的桥梁，通过对"我是谁""我想干什么""我能干什么""环境支持或允许我干什么""自己最终的职业目标是什么"等问题的反思与回答，明晰自身的生涯定位与发展愿景目标；坚持清晰性、变动性、一致性、挑战性、激励性、合作性、全程性、具体性、实际性、可评量性等原则，科学有效地落实生涯规划目标。生涯规划是调动人的主体性的重要手段，具有重要的育人功能，是一种重要的人才培养方法。生涯规划方法在时代新人培养中的运用，包括两个方面，一方面是针对培养者的，通过生涯规划使培养者坚定以培养时代新人为生涯追求，并通过努力成为卓越的"大先生"；另一方面是针对被培养者的，教育引导被培养者在快速变化、分工精细与融合、样态业态越来越多的社会发展环境中，坚定理想信念，达成卓越标准，成长为担当大任的人。第一，用针对性的生涯规划培养时代新人，需要加强科学完整的生涯系统设计，根据社会现实与社会发展趋势，构建相对完整系统的职业分类、职业标准和流通途径，使每个人可以找到对应的规划目标；第二，要加强生涯教育体系的构建，按照不同对象不同层次不同阶段构建生涯的能力指标，并建构与之对应的融入家庭、学校、社会的教育体系。

通过针对性的人才政策加强激励与锻炼。人才是第一资源，实现中华民族伟大复兴需要建成人才强国作为坚强支撑与保障。时代新人理应成为人才主体。人才政策，既是世界各国对外吸引和留住人才的重要方式，也是对内培养和激励人才的重要方法。遵循人才规律，优化人才政策，是培养时代新人重要的具体方法之一。首先，要构建系统连续的用人方略，遵循人才由"准"到"潜"、由"显"到"领"的规律，根据不同人才层次的最佳年龄期，克服论资排辈的传统与惯性，给予人才最佳的使用，克服求全责备的思想，在不同的人才层次阶段给予不同的包容，使人才在系统连续的使用中不断成长提升。其次，要构建突出专业导向的人才保障政策，术业有专攻，人才激励要以专业成长环境、条件和平台保障为主，辅以必要的经济保障。最后，要完善人才荣誉激励制度。三百六十行，行行出状元。人才的分类要求各行各业都应建立相应的人才荣誉激励，人才的分层要求应建立完备的人才分层荣誉激励体系，而不仅仅是对高端人才的激励。

三、现代化的操作方法

操作方法是原则方法和具体方法的实际运用，必须置于普遍的情境之中。现代化是新时代最普遍的情境，也是操作方法最主要的创新。现代化在整个社会层面，是以思想现代化为灵魂、以管理现代化和技术现代化为双轮、以政经现代化为基础的一个严整的体系和集大成的过程，核心是以工业化为基础的人的现代化。表现在具体的子系统操作中，以心理为核心的心灵、以实践平台为核心的载体、以管理为核心的机制，是操作中最重要的三个方面。培养时代新人的操作方法的现代化，必须以适应当下和未来趋势为前提，在心灵、载体和机制三个方面坚持问题导向，有的放矢地解决和应用。

以现代化的思想政治教育克服时代新人的心灵危机。健康的思想政治素质，是时代新人成人成才的前提和基础。与传统社会相比，现代社会重要的特征就是变化，快速的变化。日新月异、每天不一样的变化，导致生活于其中的人们容易产生相对主义的错觉。相对主义的错觉又容易滋生人们的虚无主义，虚无主义是用观念否定实然，如人生虚无主义、历史虚无主义、民族虚无主义、文化虚无主义、伦理虚无主义、法律虚无主义等，本质是唯心主义，要加以分析和辩驳。不能因为仰望星空而掉入泥坑，是培养时代新人必须重视和解决的现代性危机。要加强辩证唯物主义和历史唯物主义的教育，引导时代新人在深刻把握人类社会发展规律、社会主义建设规律、共产党执政规律的基础上，坚持实践是检验真理的唯一标准，清醒认识变化的本质。对相对主义、虚无主义延至的人的心理问题，则要加强现代化的心理健康教育与治疗。

以网络载体拓展时代新人培养的实践平台。人类历史上每一次科学技术的重大变革与飞跃，都会导致人们实践方式与空间的巨大变化。从简单的信息传输，到人际交往、网络社会，网络已经不再是简单的工具，不再是简单的现实社会的虚拟映像，而成为人类的新型生存空间与实践平台，成为现实社会的一部分。培养时代新人，除了依然要重视和充分利用线下培养平台，也必须重视和充分利用网络实践平台。首先，要重视网络空间对时代新人培养的影响，网络社会对时代新人培养是一把"双刃剑"。网络主体的多极化、网络空间的去中心化、网络社会的虚拟性流动性、网络时间的弹性和碎片化，都会给时代新人培养带来严峻挑战。所以，要营造清朗的网络空间，为时代新人成人成才建设良好网络生态。其次，要引导时代新人充分用好网络载体，在网络实践空间和平台锻炼成长、成人成才。最后，要增强时代新人投身网络强国建设的思想共识和行动自觉，引导时代新人勇担历史使命，在网络强国建设中建功立业。

以大数据和小数据结合加强时代新人培养的管理调控。以数据的解释力为核心，科学与哲学在形式上进行了分离。科学以数据为依据来描述和解释世界，探寻本质与规律；哲学以观念为依据描述和解释世界，探寻本质与规律。随着科学技术的发展，人类通过感官可以获得的绝大多数经验都可以转译成数据，数据之间的计算不仅可以表达感知的理解和解释，而且还可以挖掘人们感知无法直接得到的理解和解释，数据说话便走上了前台，直接感知反而逐渐退居数据之后。利用现代数据技术，是培养时代新人必须充分重视的操作方法创新。首先，要善于运用大数据技术感知时代新人的本质与规律，建立系统、全面的培养标准与模型；其次，要注重小数据透视特定对象的现状与特征；最后，要将大数据与小数据结合，提升培养的针对性，实现由"漫灌"向"滴灌"的转变。

四、多样化的特殊方法

因材施教思想是特殊方法多样化的理论依据。因材施教以有教无类为基本前提，以"条条大道通罗马"为着力点，强调培养者要在培养的过程中，根据被培养对象不同的基础、阶段、水平、能力与特点，选择适合被培养者的方法来有针对性地培养，发挥被培养者的长处，克服与弥补不足，激发被培养者的主动性积极性，树立发展自信，从而实现最终培养目标。时代新人是由无数个体组成的，每一个个体都有自身的特点，需要解决的问题也不同，所处的情境也各有差异。这决定了对特殊的对象、特殊的问题、特殊的情景必须使用特殊的方法，才能提高时代新人培养的针对性、有效性和实效性。

对特殊对象采取特殊方法。成长为时代新人，对具体的个体来说，本质上都是作为成长主体自己建构的结果。外在的培养，或同化，或顺应，最终成为个体建构的体系中的一部分。对特殊对象采取特殊方法，最重要的是对培养对象的分析。对培养对象的分析，要尽可能全面，如年龄、地域、家庭、动机、需求、文化、风格等，要在与一般群体的对比中，找到其特殊性，然后有针对性地设计培养的方法。对特殊对象采取特殊方法，特殊对象也包括特殊的群体，不同的个体根据某一方面的共性特征，可以分为不同的群体，将不同群体的特征与一般群体的特征对比，从而找出其特殊性，采取不同的群体培养方法。不同个体、不同群体的特殊性各不相同，能够与之相匹配的培养方法也各异，方法必然是多样化的。

对特殊问题采取特殊方法。时代新人的理论内涵与成才标准都是丰富的，由众多要素构成了相应的素质结构系统、精神状态系统、使命作用系统等，不同的系统相互耦合构成一个有机体系。在某种意义上说，时代新人培养的过程，也就是不断解决新人成长发展中问题的过程。解决问题，常规的步骤是描述问题、分析问题、去掉所有的非关键问题、制订详细的工作计划、进行关键分析、在调查的基础上建构论证，最后才是实施和检验，核心是分析问题的特殊性及其解决方法的匹配性。不同的个体、不同的群体，面对或存在的问题是各不相同的，即使相同的问题，也可能存在各不相同的特殊性，因此，时代新人培养，必须坚持不同问题特殊分析、特殊对待，并采取特殊方法。

对特殊情景采取特殊方法。作为现实的人，都生存于特定的境遇之中。特定的境遇之"境"，就是主体在客体中活动的客观之境，客观性是其鲜明特点；特定的境遇之"遇"，就是客观之境遭遇主体之人的"情"，化为具体的情形、情景，主观性是其鲜明特点。不同的个体、不同的群体，成人与成才的客观之境各不相同，转化而成的具体情形、情景更是千差万别。特殊个体或特殊群体的特殊问题，总是存在于特殊的环境与情景之中。时代新人培养，既在各不相同的客观之境中展开，更在千差万别的情形、情景中发生作用，这就要求培养者根据特殊情景采取特殊方法。首先，培养者要善于分析情境和情景，找出其特殊性，匹配特殊的方法；其次，培养者要善于引导被培养者，将特殊的环境转化为特殊的情景，再匹配相应的方法；最后，培养者还要善于优化和创设特殊的情景，形成培养者与被培养者的共同体，彰显情景的意义建构功能，从而更积极地发挥培养的作用。

五、立体化的综合方法

人的发展的过程，就是不断占有本质上属于人的全部本质的过程。"只是由于人的本质客观地展开的丰富性，主体的、人的感性的丰富性，如有音乐感的耳朵、能感受形式美的眼睛，总之，那些能成为人的享受的感觉，即确证自己是人的本质力量的感觉，才一部分发展起来，一部分产生出来。"[1] 人类社会发展不断复杂化综合化的趋势，也带来了人的发展的复杂化综合化。与之对应，时代新人培养，也是任何一种单一的方法无法胜任的。方法的综合运用，是必然趋势和要求。时代新人培养综合方法创新，就是按时代新人培养的本质联系，将原则方法、具体方法、操作方法、特殊方法等整合成为一个有机整体运用于培养。传统的整合方式主要有协调式整合、交替式整合、主从式整合、并列式整合、渗透式整合、融合式整合等，立体化整合则是最新的要求与趋势。

基于培养内容的综合方法立体化。培养内容与方法是内容与形式的关系，在对立中统一。时代新人培养内容的立体化，决定了培养方法也必须立体化。首先，时代新人必须具备立体化的素质构成、精神状态和使命作用，都需要与之对应的立体化的培养方法，既要综合运用讲解法、谈话法、练习

---

[1] 《马克思恩格斯文集》第 1 卷，人民出版社 2009 年版，第 191 页。

法、演示法、实验法等基本方法，也要或主从式或并列式运用发现法、自学导学法、尝试法、情境法、实践法等综合方法。其次，时代新人立体化的素质构成、精神状态和使命作用，并不是相互独立的，而是共同作用形成新的立体化的整体，这就要求时代新人的培养，也要基于立体化的要求，既要在各自模块的立体化培养中相互融合、相互渗透，也要基于新的立体化的整体，综合运用各种方法进行立体化的整体建构。

基于培养主体的综合方法立体化。时代新人的培养主体就是承担培育时代新人使命的主体，是培养活动的组织者和实施者。培养时代新人，是党、政府、社会、学校、家庭共同的责任。培养主体的立体化，必然要求基于实践主体综合方法的立体化。就单一的时代新人培养主体来说，主要是将时代新人培养融通于主体实践活动的各个方面，贯通于制度体系、执行体系、管理体系、评价体系等各个环节，联通于内外环境的统筹与协调，构建起相对独立完整的立体的时代新人培养体系，结合主要职责综合运用各种方法加强时代新人的培养。就时代新人的培养主体之间来说，主要是要建立学校、家庭、党、政府、社会不同主体之间的多边主体科学互动机制，建立起时代新人的立体化培养网络，在相互配合、相互补充中综合运用各种方法，加强时代新人的培养。当然，时代新人本身也是自我教育、自我培养、自我实践的主体，还必须综合运用各种方法，建立起不同培养主体与时代新人本身之间立体的良性互动机制。

基于培养时空的综合方法立体化。传统社会，人们的存在感只限于可以感知的物理空间和不可逆的时间空间，但随着人类社会进入网络时代、进入信息社会，人们的时空感得到了极大的延展。空间从有限的视力空间扩展到更广大的视域空间，这种视域空间不仅包括了传统的物理空间，也包括现代的网络空间。物理空间也不再是"地球村"了，而是拓展到太空、宇宙。时间已从单一的具有强逻辑连续的传统线性状态，延展为将过去时间、未来时间都纳入当下的混沌状态。时代新人的培养总是在一定的时空下进行的。新时代时空的新特点，要求时代新人的培养方法也必须综合创新，基于全时

空综合立体培养。网上网下的并行与结合，是全时空综合立体培养最基本的
要求。时空维度网上网下的全程、技术维度网上网下的全息、社会维度网上
网下的全员、功能维度网上网下的全效，本身都是立体化的综合方法。网上
网下全程、全息、全员、全效的立体耦合，都需要对原则方法、具体方法、
操作方法、特殊方法进行裂变或聚变、组合或聚合，形成新的立体化的综合
方法。

第四章

高校时代新人培养的创新发展

　　运动是物质的根本属性，是事物发展的动力。一切物质都是运动的，都在不断地发生变化、演化和发展。变化就需要创新，创新推动事物实现量变到质变的飞跃，即发展。一切物质如此，高校培养担当民族复兴大任的时代新人，也是如此。高校时代新人培养的创新发展，既是社会的变化与发展对高校人才培养提出的客观要求，也是社会变化与发展的重要组成，社会发展和高等教育发展更为高校时代新人培养的创新发展提供了可能性。

　　高校人才培养应具有针对性，针对经济社会的需要培养人才，针对学生素质能力的短板弱项进行补强以提高培养质量；应具有适应性，适应经济社会的发展不断创新发展人才培养体系，培养的人才应能够适应社会并为社会作贡献；应具有前瞻性，不仅要立足当下更要立足未来培养人才，不仅立足人的当下发展更要立足人的可持续发展；应具有超越性，人才培养要适度超越满足经济社会发展需要，培养出能够引领、推动社会创新发展的人才，要适度超越满足人的生存生活需要，培养出自由全面发展的人才。经济社会的不断创新发展，带来了高校人才培养所需要的针对性、适应性、前瞻性、超越性内容的变化，时代新人的培养就必须相应创新发展，以提高针对性、适应性、前瞻性、超越性，只有这样，才能不断真正培养出合格的时代新人，才能最终担当并完成中华民族伟大复兴的使命。

第一节　高校时代新人培养创新发展的本质

创新发展，是高校时代新人培养的应有之义，影响着高校人才培养质量，反映着教育强国建设的成效。创新发展是思想认识与社会实践交互作用的结果，必须坚持正确的原理指导、原则规范和过程提示，否则，创新发展就可能陷入盲目甚至是异化的危险。明确和加深对时代新人培养创新发展本质的认识与把握，对推进高校时代新人培养创新发展，不仅必要，而且需先行。

一、高校时代新人培养创新发展的本质

创新发展是认识与实践相统一的人类活动。认识与实践的辩证统一关系，决定了创新发展的本质。实践为认识提供来源、动力、检验标准、目的和归宿等基础，认识通过对真理、规律的认识程度而对实践发挥能动作用，越接近真理、规律的认识越对实践起促进作用，越是偏离真理、规律的认识越对实践起阻碍作用。认识的反复性、无限性和上升性，真理、规律的客观性、条件性和具体性，决定了实践的本质就是实事求是，就是要符合真理、规律，这也是创新发展的本质。因此，创新发展的现实要求一是纠正过去认识与实践中与真理、规律的偏差，努力达到与客观真理、规律相符合；二是深化现在认识与实践中对真理、规律的把握，尽可能为未来提供符合真理、规律的预测和指导，从而使得人类的认识和实践活动水平在"实践—认识—实践—认识"循环中螺旋上升。

高校时代新人培养创新发展是一个过程。这个过程围绕培养堪当民族复兴大任的时代新人，根据不断变化发展的实际，在培养理念上不断深化对人才培养规律的认识，在培养实践上不断努力以求与真理性、规律性相符合，

即全面提高人才自主培养质量，实现预期的培养结果。

高校时代新人培养创新发展的本质内涵是遵循人才培养规律。人才培养是有其内在规律的，高校时代新人培养的关键，就是要深刻把握人才培养的规律。高校时代新人培养创新发展的过程，就是使高校时代新人培养实践更加符合人才培养规律的过程。人才培养规律有一般规律，也有特殊规律。高校时代新人培养一般规律要求高校时代新人培养必须遵循思想政治工作规律、教书育人规律和学生成长规律；高校时代新人培养特殊规律，既包括思想政治工作规律、教书育人规律和学生成长规律在不同学科专业领域人才培养、不同类型人才培养中的具体体现与展开，也包括思想政治工作规律、教书育人规律和学生成长规律中适用于特殊情况或条件的规律。遵循思想政治工作规律，坚持德育为先，确保"为谁培养人、培养什么人"不出偏差，是高校时代新人培养创新发展的前提；遵循教书育人规律，在教书和育人相统一、言传和身教相统一中传播知识、传播思想、传播真理，塑造灵魂、塑造生命、塑造新人，是高校时代新人培养创新发展的核心与关键；遵循学生成长规律，根据学生思想心理特征，提高帮助学生在价值引领、知识探究、能力建设、人格养成等的主体建构的针对性，促进学生德智体美劳全面发展，是高校时代新人培养创新发展的重要保障。推动高校时代新人培养创新发展，首要就是努力探索和把握人才培养规律，并在此基础上进行培养理念、内容、模式、方式、方法等的创新。

高校时代新人培养创新发展的本质追求是全面提高人才自主培养质量。实现中华民族伟大复兴，人才是关键。在世界各国加剧人才争夺的时代，关键紧缺人才是要不来、挖不来、等不来的，我们必须坚持外引与内育相结合，以内育为基础和核心，坚定走好人才自主培养之路，加快建立人才资源竞争优势。2021年9月，习近平总书记在中央人才工作会议上强调，"我国进入了全面建设社会主义现代化国家、向第二个百年奋斗目标进军的新征程，我们比历史上任何时期都更加接近实现中华民族伟大复兴的宏伟目标，也比历史上任何时期都更加渴求人才"，"我国拥有世界上规模最大的高等教育体系，有各项事业发展的广阔舞台，完全能够源源不断培养造就大批优秀人才，完全能够培养出大师"。① 高校时代新人培养创新发展，就是要追求人才自主培养的根基不断夯实、人才自主培养的体系不断健全、人才自主培养的能力不断提高，从而全面提升人才自主培养质量。全面提升人才自主培养质量，尤其重要的一个方面，就是要聚焦实现高水平科技自立自强，更加重视科学精神、创新能力、批判性思维的培养培育，着力造就拔尖创新人才。

二、高校时代新人培养创新发展的类型

坚持同一性原则、互斥性原则和层次性原则，按照一定的标准对事物进行分类，就会使它们之间的关系更加清晰。分类对人类的认识和实践有着重要的意义，可以为感性认识上升到理性认识铺平道路，为深入认识指明可能的途径，为把握系统规律奠定基础，可以在实践中提高工作效率，可以提供创新的思路与方法。创新发展的分类，更是对创新发展本身有着重要的指示作用。同样，对高校时代新人培养创新发展进行科学的分类，可以更好地指导高校和教师去正确认识、理解、掌握和运用高校时代新人培养创新发展的本质、原理、规律和方法，更有效地开展高校时代新人培养创新发展活动。

分类必须依据一定的标准。遵从对创新发展的一般思路，按难易程度，可将高校时代新人培养创新发展分为简单创新发展、一般创新发展和复杂创新发展。按强度，可将高校时代新人培养创新发展分为渐进性创新发展、突破性创新发展和革命性创新发展。按来源，可将高校时代新人培养创新发展分为内部创新发展和引进创新发展。按形态，可将高校时代新人培养创新发展分为有形的创新发展、无形的创新发展和融合的创新发展。按功能，可将

① 习近平：《深入实施新时代人才强国战略　加快建设世界重要人才中心和创新高地》，《求是》2021 年第 24 期。

高校时代新人培养创新发展分为核心创新发展、支撑创新发展和辅助创新发展。按局部与整体，可将高校时代新人培养创新发展分为单项创新发展、系列创新发展和系统创新发展。按学科、专业，可将高校时代新人培养创新发展分为不同学科、不同专业的创新发展。按时代新人培养目标的类型、层级，可将高校时代新人培养创新发展对应分为不同类型、不同层级的创新发展。按时代新人培养的环节，可将高校时代新人培养创新发展对应分为不同环节的创新发展。

人类活动可以简单划分为处理主观与客观关系的主观认识活动和改造对象的客观物质活动。与此对应，创新发展也可以分为认识的创新发展与实践的创新发展。高校时代新人培养创新发展也可分为时代新人培养理念的创新发展与时代新人培养实践的创新发展。具有创新发展精神，有独特人才培养思想并在实践中培养出大批优秀校友的高校，是受人尊敬的杰出高校；同样，有自己人才培养理念并亲力亲为培养出大量优秀人才的教师，是受人尊敬的教育家、大先生。

时代新人培养理念创新发展在时代新人培养过程中，起着先导作用，是实践创新的催动力；起着导向作用，促成实践创新中重要的判断和选择；起着激励作用，提升实践创新的主动性和积极性；起着防卫作用，对偏离理念的思想和行为自觉抵制。高校时代新人培养理念创新是遵循一定的原则，以新的视角、新的方法和新的思维模式，对高校人才培养理念的各要素及其关系进行科学审视，革除、修正既定认识，形成新的观点和思想，进而用于指导高校时代新人培养新的实践的过程。高校时代新人培养理念有党和国家培养理念、高校落实党和国家培养理念的目标、教师个体的具体践行理念之分。比如，培养堪当民族复兴大任的时代新人，本身就是党和国家培养理念的重大创新。中国科学技术大学聚焦"有理想、有追求，有担当、有作为，有品质、有修养"培养大学生，就是高校落实党和国家培养理念的目标。高校时代新人培养理念创新要遵循的原则，也有基本原则和具体原则之分。比如，坚持马克思主义的指导地位、坚持中国共产党的领导、与时代特征相结合、尊重规律与立足实际相结合、与解决重大理论和实践问题相结合、国际性与民族性相结合等，就是基本原则；内生与吸收相结合、融合与特色相结合、承续与顺应相结合、一般与特殊相结合等，就是具体原则。高校时代新人培养理念的要素，也有宏观、中观与微观之别。比如时代观、人的本质观、视野观、面向观等就是宏观要素；应用观、学科观、生活观、文化观等，就是中观要素；教学观、师生观、学习观等，就是微观要素。在高校时代新人培养的动态过程中，根植于客观实际，继承优秀成果，突破陈旧束缚，不断推动主客观的有效统一，提高人才培养质量，是高校时代新人培养理念创新发展的基本要求。

时代新人培养实践创新发展直接推动着时代新人培养质量的提升、推动着时代新人的成长与发展。高校时代新人培养，包括选拔、培养、评价等的衔接过程，包括组织、治理、工作、服务等的保障格局，包括学科、教学、教材、管理等的培养贯通体系，包括培养目标设定、培养方案制定、课程安排设计、培养内容更新、教学实施组织等诸多细节的人才培养模式。高校时代新人培养实践创新发展，应贯穿时代新人培养的全过程、全方位，重点是体制制度的创新发展和技术方法的创新发展。按创新的组织方式对创新的分类、按创新的模式方法对创新的分类，对高校实现时代新人培养实践创新发展是具有指导作用的。按创新的组织方式，一般对创新分为独立创新、合作创新、引进创新三类。高校时代新人培养实践创新发展，应该坚持基于高校和教师自身实际和力量不断强化独立创新的自觉，应该主动与党和政府、社会、企业、家庭、其他高校等有组织地推进联合创新，应该开阔视野，对国内外其他高校人才培养实践优秀经验进行扬弃创新。按创新的模式方法，可以将创新分为开拓式创新、升级式创新、差异化创新、组合式创新、移植式创新、精神式创新、破坏式创新等类型。高校时代新人培养实践创新发展，也可以参考这些创新的模式与方法，进行相应的或整体的或局部的探索与实验，从而建构更高质量的时代新人培养实践体系。

第二节　高校时代新人培养创新发展的向度

人的需求驱动实践的创新发展，实践的创新发展满足人的新的需求。"已经获得的为满足需要而用的工具又引起新的需要"①，人的需求与实践的创新发展，波浪式螺旋推进，推动人类在不断满足自身需要的过程中不断创新发展，不断创造着历史。中华民族伟大复兴，是新时代的新需要，也是需要人们来创造的新历史。要承担起创造新历史的使命与责任，时代新人也需要具有新的素质与能力。高校作为时代新人培养的主战场，也必须根据新的现实、新的挑战、新的需要，推动培养实践不断创新发展。

一、理论向度

高校时代新人培养该如何创新发展，并没有现成的答案。通过深入研究，探索新的规律，建立新的理论，为高校时代新人培养提供支撑与指导，这既是现实的客观需要，也是推动高校时代新人培养不断创新发展的关键所在。没有理论指导的实践是盲目的实践，很难走远走深。不以实践探索为营养的理论，只是形式的理论，无法解决实际问题，也就没有价值。唯有理论研究与实践探索融合，才能相互促进。高校时代新人培养，是一项培养人的实践，既需要理论的指导，也需要为理论的创新提供沃土。推动高校时代新人培养创新发展，就必须推动高校时代新人培养研究创新发展。

目前，关于高校时代新人培养的研究，涉及学科较多、参与学者较多、研究成果也较多，但总体上多是阐释性研究，实证性研究不够。阐释性研究对人们端正认识、统一思想是有积极作用的；但时代新人培养实践创新更需

---

① 《马克思恩格斯文集》第 1 卷，人民出版社 2009 年版，第 531 页。

要紧密结合实际的实证性研究。当前，理论界对高校时代新人培养实践材料的系统收集整理较少，关于高校时代新人培养实践中各种要素变量及其内在关系的研究就更少。

以理论创新发展来推动高校时代新人培养创新发展，就要求研究的视域要更加广阔，既要研究理论本身，也要研究具体实践；既要宏观研究，也要微观研究；既要研究历史，更要研究现状、未来；既要整体研究，也要对各要素进行深入研究。研究的方法要更加多样，既要文献文本研究，也要实证实践研究；既要质性研究，也要量化研究；既要学术研究，更要行动研究。高校时代新人培养，本质是实践的。构建理论研究人员与实践工作人员的共同体，着力于理论与实践的研究与实验，这对真正推动时代新人培养实践创新发展，真正揭示出时代新人培养的一些内在规律，是十分重要的。

二、动力向度

创新发展本身是需要动力的。创新发展的动力，一是来自内部，二是来自外部。激发高校时代新人培养创新发展的动力，是推动时代新人培养创新发展的重要方法。如何通过创新，激发高校和高校教师时代新人培养创新的动力，是推动高校时代新人培养创新发展必须正视的课题。

着力高校和高校教师时代新人培养创新发展的价值引领。"校长是一个学校的灵魂。要评论一个学校，先要评论他的校长。"[1] 几乎每一所杰出的大学，历史上都至少有一个或几个富有传奇色彩的校长，他们不是把校长当作一个职位，而是作为一项事业和一份担当，面对时代需要，执着于办学和育人，在培养人才和引领学校发展的同时，更为学校注入了一种文化、精神和气质。一所高校，是否真正致力于时代新人培养的创新发展，主动超前布局、有力应对变局、奋力开拓新局，领导的教育家精神、情怀、担当和作为

---

[1] 参见李清华：《陶行知与乡村教育》，海风出版社 2007 年版，第 196 页。

尤其重要。哲学家雅斯贝尔斯曾说，教育就是一棵树摇动另一棵树，一朵云推动另一朵云，一个灵魂唤醒另一个灵魂。一个好老师可以改变一个孩子的一生。遇到一个好老师，是学生一生的幸运。一个有理想的教师，对教育、对培养学生有着坚定信念，就一定会付出努力和行动，在实践中自觉以创新推动时代新人培养的发展。

着力高校和高校教师时代新人培养创新发展的利益引导。"人们奋斗所争取的一切，都同他们的利益有关。"① 合理的利益引导，是高校和高校教师致力于时代新人培养创新发展的重要条件，既强化了高校和高校教师基于理想信念自觉创新探索的价值认同，也保障了高校和高校教师自觉推进创新发展的持久性。高校和高校教师的利益在本质上是一致的，是大河与小河的关系，保障了高校的利益，高校才有资源在教师中再分配。如何基于时代新人培养这一核心任务，建构合理的高校和高校教师利益保障机制，是激发高校时代新人培养创新发展动力的重要一环。

着力高校和高校教师时代新人培养创新发展的政策保障。着力于激发高校和高校教师致力于时代新人培养创新发展动力的政策保障应该基于创新发展内部动力和外部动力的各种类型、各种要素，实现自上而下的推动与自下而上的自主推进相结合。

三、内容向度

选择什么样的内容、以什么为重点培养时代新人，既是落实"为谁培养人"的内在要求，也是"培养什么人"的必答题，更是直接决定着时代新人的特性。因此，高校时代新人培养创新发展的一个重点，就是时代新人培养内容的创新发展。时代新人基本内涵相对稳定，但也必然会随着时代和实践的发展不断细化深化和丰富拓展。

---

① 《马克思恩格斯全集》第 1 卷，人民出版社 1956 年版，第 82 页。

高校时代新人培养内容的细化深化。时代新人的基本内涵是清晰而且相对稳定的，是中华民族复兴大任的担当者，是走在时代前列的奋进者、开拓者、奉献者，是社会主义核心价值观的坚定信仰者、积极传播者、模范践行者，是德智体美劳全面发展的社会主义建设者和接班人。他们要立大志、有理想，明大德、敢担当，有本领、成大才，能吃苦、肯奋斗。理想信念、爱国情怀、品德修养、社会责任、知识见识、综合素质、创新精神、奋斗精神、实践能力等，是时代新人培养的基本内容。一方面，这些时代新人培养的基本内容需要进一步细化，分解为一个个更为具体的可操作的培养目标和要求；另一方面，这些基本内容也要随着时代与实践的发展不断深化，要赋予其新的尺度和新的规定性。

高校时代新人培养内容的丰富拓展。时代新人要担当起民族复兴大任，就必须具备理性从容应对世界百年未有之大变局的素质与能力，才能有效应对变局、开拓新局。世界百年未有之大变局最大的特征就是变，必须在看变化之中看世界，在看世界之中看中国，这就要求高校时代新人培养内容因时而变、因势而变、因事而变，不断丰富拓展。把握世界百年未有之大变局，构建人类命运共同体，时代新人就必须承担起积极参与全球治理的责任，就必须具备相应的国际胜任力和领导力。国际胜任力可以参考 2020 年 10 月联合国秘书处发布的《联合国价值观和行为框架》提出的"4+5"框架（该框架包括四大价值观，即包容、正直、谦逊、人性；五项行为要求，即联系与协作、分析与计划、交付有积极影响的成果、学习与发展、适应与创新）。国际领导力是基于国际胜任力基础上的更高要求，包括决策能力、引领能力、执行能力、创造能力、人格魅力等多方面。科技是世界百年未有之大变局中的关键变量，每一次科技的进步与发展，都会对现有的教育构成冲击和挑战，都要求教育必须创新发展。当前，世界性科技和产业革命正在深入发展，对教育的冲击和挑战，有的已经开始呈现，有的将会逐步呈现，这些都是高校时代新人培养必须考虑并创新应对的。比如，以 ChatGPT 为代表的人工智能快速迭代，就已经显现出了对现行教育的巨大冲击与挑战，传什么道、怎么传道，授什么业、怎么授业，解什么惑、怎么解惑，这些都是高校时代新人培养必须思考并回答的现实问题。

四、方式向度

在"为谁培养人"的根本原则和"培养什么人"的现实标准之下，"怎样培养人"就是解决培养人的具体方式方法问题，是人才培养的具体操作形式与过程，是通向人才培养目标实现的桥梁。怎样培养时代新人，原则性的方式方法是明确的，要坚持和加强党的全面领导，要坚持社会主义办学方向，要发展素质教育，要推进教育公平，要实现教育现代化，要建成教育强国，要扎根中国大地，要传承红色基因，要三全育人、五育并举，要走出中国特色等。但在具体的操作实践中，必须要灵活创新，不断提高具体培养实践形式与过程的科学性、时代性、有效性，才能真正培养出堪当民族复兴大任的时代新人。

创新发展高校时代新人培养，要善于向科技借能。科技的发展进步促进了人的解放。许多原来必须人工付出的大量简单的、事务性的、重复性的工作，可以被科技工具替代。同时，科技也赋能教育，使我们能够更加精准地开展人才培养。当前，面对数字技术的突飞猛进，"联合国和世界各国都在积极行动，把数字教育作为应对危机挑战、开启光明未来的重要途径和举措"①。高校时代新人培养，要善于利用数字技术，深化对思想政治工作规律、教书育人规律、学生成长规律的认识和把握，赋能到培养目标、培养方案、培养过程、培养效果评估等全方位，赋能到教育教学、课内课外等各环节，以数据驱动不断反馈和优化，赋能对学生个性的把握和精准性培养。数字教育理论上应是更加公平包容的教育、更有质量的教育、适合人人的教

---

① 怀进鹏：《数字变革与教育未来——在世界数字教育大会上的主旨演讲》，《中国教育报》2023 年 2 月 14 日。

育、绿色发展的教育、开放合作的教育，是大势所趋、发展所需、改革所向。① 这既为高校时代新人培养创新发展提供了方向，也需要高校时代新人培养不断创新发展加以实现。

创新发展高校时代新人培养，要善于向实践问效。实践是人的存在方式，是人的本质力量的体现和确证。实践能力是时代新人必须具备的能力，实践也是时代新人培养的重要方式。时代发展，人类的实践形式也在不断丰富与发展。随着计算机、网络、云计算、虚拟现实、增强现实、人工智能等信息和数据技术的广泛应用，虚拟实践作为人类社会的一种新的活动方式，也日益普及和重要。高校时代新人培养，一方面，要创新发展传统实践形式，围绕学生的生活世界，引导学生广泛开展科学实践、技术实践、实习实践、生产实践、劳动实践、道德实践、社会实践等，提高学生的实践能力，促进学生的全面发展。另一方面，要重视虚拟实践的作用，并将其广泛应用于时代新人培养的各方面各环节，真正实现知识见识的发现、学习、运用相统一、相同步，并将虚拟实践与现实实践有机结合，以提升时代新人培养的质量。

五、机制向度

机制是系统内部各要素之间及与外部环境之间相互组织、相互衔接和协调运转的方式与状态，是系统功能发挥的重要影响因素。不同的机制可能导致系统要素或分散或集聚，系统结构或有序或失序，系统力量或内合或内耗。高校时代新人培养，本身就是一个多主体参与、多要素共振的系统工程。不断推进高校时代新人培养机制创新，既是高校时代新人培养创新发展的应有之义，更是提升时代新人培养质量的重要措施。

---

① 参见怀进鹏：《数字变革与教育未来——在世界数字教育大会上的主旨演讲》，《中国教育报》2023 年 2 月 14 日。

　　高校时代新人培养机制创新发展首先要基于高校内部。宏观上，就是要推进全员育人、全程育人、全方位育人的"三全育人"综合改革，围绕充分挖掘、激发时代新人培养主体的积极性、参与度和贡献度，围绕夯实从录取入学到毕业就业全过程育人的动态链，围绕课程育人、科研育人、实践育人、管理育人、组织育人、服务育人、文化育人、网络育人、心理育人、资助育人等全方位育人作用的发挥，进行组织形式、职责分工、资源配置、联动方式等的创新发展，真正建构起一体化的时代新人培养体系。微观上，高校内部时代新人培养的各子系统，如教学系统、学工系统、科研系统、宣传系统、后勤系统等，要围绕在时代新人培养中的角色与职责，进行格局、体系、标准等的重构，进行项目、载体、资源等的整合创新。

　　高校时代新人培养机制创新发展还体现在高校与系统外部的协同。总体上，是围绕培养担当民族复兴大任的时代新人这一任务，实现政府统筹、学校主导、家庭履责、社会支持的育人格局，各主体密切配合、相互支持，共同发挥作用，真正坚持问题导向、坚持协同共育，构建党和政府、高校、家庭、社会等主体定位清晰、机制健全、联动紧密、科学高效的协同育人机制，增强育人合力，提升育人实效。同时，也需要加强高校之间时代新人培养的合作机制，每一所高校的力量和资源都是有限的，可以针对时代新人培养的不同重点、不同内容、不同项目，发挥不同高校的优势，探索具有新时代特征的联合培养机制，也可以积极与海外有关高校、组织建立联合培养机制，发挥国际合作优势。

| 第五章 |

高校时代新人培养案例研究

——以华中师范大学为例

华中师范大学源于 1903 年创办的文华书院大学部、1912 年创办的中华大学、1949 年创办的中原大学教育学院，是教育部直属重点综合性师范大学、"211 工程"重点建设大学、国家教师教育"985 优势学科创新平台"建设高校和国家"双一流"建设高校。100 余年来，学校涌现了韦卓民、钱基博、桂质廷、章开沅、邢福义等学术大师，为国家培养了 60 余万名人才。

进入新时代以来，华中师范大学始终坚持立德树人，牢记为党育人、为国育才使命，坚持以习近平新时代中国特色社会主义思想铸魂育人，努力培养担当民族复兴大任的时代新人。本章从教育引导、实践养成和制度保障三个方面，选取 15 个典型案例，生动呈现华中师范大学在时代新人培养中的思考、探索和努力。

第一节　教育引导类

一、守正创新建好关键课程，提质增效培育时代新人

（一）案例提要

思政课是落实立德树人根本任务的关键课程，发挥着不可替代的作用。华中师范大学积极推进思政课改革创新，持续打好提高思政课教学质量和水平攻坚战，不断提升"华师思政课"的品牌效应和影响力，思政课教育教学实效不断增强。

（二）实践探索

1. 守责任之正，落实主体责任。将思政课建设作为"一把手工程"来抓，将马克思主义理论一级学科纳入学校"双一流"经费重点建设学科，出台《关于加强马克思主义学院建设的意见》《关于进一步规范思政课教学工作提升教学质量的意见（试行）》。坚持校院领导干部为学生主讲思政课和随堂听课制度，严格课堂管理，长期推行中班教学，确保学生深度参与课堂教学和研讨，积极推行学生的自主化管理，建立"教师—助教—班长—组长—组员"学生自主课堂管理体系。建立新教师试讲制度，领导、督导、教师多级听课评课制度和集中命题制度。严把思政课教师入口关、培养关、考核关，积极推进辅导员与思政课教师的融合计划，制订青年教师教学成长计划。

2. 创模式之新，实施分众教学。坚守以学生为中心、因材施教，按照院系排课，为不同专业学生"量身打造"专属思政课，实行分众式课堂教学模式、分众式实践教学模式、分众式考评机制、分众式教师队伍建设，开展"体育冠军向体育生讲思政课、美术家向美术生讲思政课、音乐家向音

乐生讲思政课"等系列分众式教学活动,引导学生将思政课所学知识和就读专业融会贯通。引导学生参与思政课改革创新,积极参加"习近平新时代中国特色社会主义思想大学习领航计划"系列主题活动、"思政课学习之星"、全国大学生讲思政课比赛、全国高校思政课学生艺术作品巡展等活动,激发学生内生学习动力。

3. 创活动之新,打造特色品牌。夯实理论功底,探索"学马列·读原著"活动型思政课程育人新模式,开展"名家导读马列经典"、"读原著、学原文、悟原理"征文活动、"马列原著百生讲"系列活动。创新"四史"教育,上好社会实践"大思政课",开设"武汉'四史'教育社会实践课",开展"追寻习近平总书记足迹"系列实践活动、"'四史'大讲堂"系列讲座、"百年恰是风华正茂"思政课党史学习教育系列活动、"党史我来讲"大学生讲思政课比赛等,推出"诗颂百年""歌唱百年""文述百年"等系列作品成果集,充分激发学生的主体性和能动性,发挥朋辈引领的示范带动效应,增强"四史"学习教育实效,形成具有华师特色的立体化、系统化、多元化"四史"学习教育格局。学生创作的《江城中明亮的光》被武汉革命博物馆采纳为馆歌,学生作词的纪念《中国青年》创刊100周年主题曲《中国青年》被湖北日报客户端、长江日报客户端、共青团湖北省委官微"青春湖北"等转发推广。

4. 创阵地之新,打造智慧思政。积极推动思政课同信息技术的深度融合,实施"云课堂"在线课程教学,形成传统课堂与混合课堂相互补充的课堂形态,构建以传统课堂教学为中心、以网络课堂教学为补充的"立体化""智慧思政"教学新模式,两门数字资源课程上线中国大学慕课平台,被高校思政课程研究中心作为优质课程向全国思政课教师推介。开发"桂子山上思政说"微信公众号,用学生喜闻乐见的形式呈现思政课教学内容,推出300余篇原创推文,深受广大思政课教师和学生的喜爱和欢迎,被评为学校"十佳自媒体"。

5. 创备课之新,探索同课异构。坚持"开放备课、共享备课"的理念,采取"线上+线下"的模式，依托全国高校思政课"手拉手"集体备课中心（华中师范大学—湖北省）、全国高校"马克思主义基本原理"教学创新中心（华中师范大学）、教育部高校思想政治理论课程群虚拟教研室等平台，举办60多期"同课异构·协同共研"思政课集体备课研讨会，参与人数达7万余人次，受到新华社等媒体报道40余次。作为教育部大中小学思政课一体化共同体（湖北省）建设牵头高校和湖北省大中小学思政课一体化共同体建设指导委员会牵头高校，华中师范大学举办大中小学思政课教师"对岗交流"研修营，开展"教材共研·实践共享"系列活动，建立华中师范大学—鄂州市大中小学思政课一体化共同体建设试验基地，依托合作办学和对口支援附校，为中小学思政课教师开展培训100余次。利用国家中小学智慧教育平台等，分享华中师范大学优质思政课教育教学资源。

（三）创新成效

学校获批教育部思政课工作平台4个，2门思政课入选国家级一流本科课程、2门思政课入选湖北省一流本科课程，获批省级高校优秀基层教学组织2个、教育部思政课专项教科研项目及工作项目16项。入选国务院学位委员会马克思主义理论学科评议组、教育部及湖北省高校思政课教指委、教育部高校马克思主义理论类专业教指委11人次，获评全国高校思政课教师影响力人物、提名人物3人次，获评教育部思政课教学标兵、教学能手等14人次，学生在教育部举办的"习近平新时代中国特色社会主义思想大学习领航计划"系列比赛中荣获一等奖、最具理论深度奖等奖项17项。相关教学改革举措被中央主流媒体报道200余次。

华中师范大学抓住新时代思政课改革的"痛点"，探索师师共研、生生共学、师生共进"三维共同体"教学新模式，具有较强的创新性，所积累的成果可复制、可推广。特别是"同课异构·协同共研"集体备课，目标明确、主题集中，互动性强，效果好，为全国思政课教师搭建了低门槛、高质量、广泛的交流平台，以共研式备课、互补性学术交流等形式，打破大学之间的壁垒，打破大中小学教学边界，有力促进了思政课教学教研合力产生，有效解决了思政课教师队伍发展不平衡、不充分的问题，实现了更好地为党育人、为国育才。

二、深入推进"六个一"行动，让课程思政"活起来"

（一）案例提要

习近平总书记强调，思想政治理论课要坚持在改进中加强，其他各门课都要守好一段渠、种好责任田，使各类课程与思想政治理论课同向同行。①华中师范大学坚持以高质量的课程思政建设落实立德树人根本任务，以实施"六个一"行动为抓手，持续挖掘课程的育人元素，把价值引领有机融入课程教学过程中，实现思想政治教育与专业教育的有机统一，努力为党和国家培养更多担当民族复兴大任的时代新人。

（二）实践探索

1. 以协同育人为目标，建好一个工作机制。一体化推进思政课程和课程思政建设，制定《华中师范大学课程思政建设实施方案》，构建以思政课为核心、以哲学社会科学相关学科专业核心课程为支撑、以人文通识课为补充的课程思政教育教学模式，推动专业课程体系与思想政治理论课课程体系相互融合、相互促进、相得益彰。发挥全国重点马克思主义学院的示范引领作用，构建马克思主义学院与其他学院协同联动机制、思政课教师与专业课教师结对共建机制。

2. 以标准建设为牵引，制定一套建设指南。强化课程思政建设的可操作性和可推广性，依托不同学科专业的特色和优势，分类编制《华中师范

---

① 参见《习近平谈治国理政》第二卷，外文出版社 2017 年版，第 378 页。

大学课程育人指南》，明确具体育人目标，科学合理设计思想政治教育内容，有机融入公共基础课程、专业教育课程和实践类课程教学。围绕推进习近平新时代中国特色社会主义思想进教材进课堂进头脑、培育和践行社会主义核心价值观、加强中华优秀传统文化教育、深入开展宪法法治教育、深化职业理想和职业道德教育，明确课程思政建设目标、任务、内容和举措。

3. 以建设教育强国为方向，打造一门特色金课。按照专业贯通、学段贯通的原则，以通识课程教育的形式，开设"教育强国"系列课程，组建以国家级人才为主要成员的顶尖师资团队，讲授我国教育成就，传承师道精神，展现华师教育贡献，切实引导学生树立学为人师、行为世范的职业理想，让学生上"大课"，大师讲"大势"，课程传"大道"。

4. 以示范推广为导向，推出一批经验做法。将课程思政建设与"双一流"建设、师范专业认证、学科专业质量评价等各类评估紧密结合，一流学科所含专业、师范类专业要优先开展课程思政建设，各学科专业都要鼓励一线优秀教师参与课程思政建设，推出一批具有学科专业特色的课程思政案例，形成可复制推广的经验做法。充分发挥学校教育信息化优势，积极探索思政示范课程，优秀案例的数字化、可视化建设，建设课程思政数字化教学资源，促进共享共用。

5. 以队伍建设为关键，开展一系列交流研讨。做好"培育"文章，将课程思政纳入教师职前职后培训内容，定期开展理论学习、党性教育、社会调研等，提高专业教师政治理论水平和人文素养。做好"交流"文章，搭建校院两级课程思政建设交流平台，组建跨学科跨学院教研团队，开展经常性的课程思政经验交流、教学观摩、专题论坛等系列活动，促进课程思政建设的互学互鉴。以教研室、教学团队、课程组等为单元，组建若干基层课程思政教研机构，开展集体备课，发挥团队协同效应。做好"选树"文章，通过本科教学创新奖评选、青年教师教学竞赛等形式，不断提升课程思政水平。

6. 聚焦常态化建设，明确一系列保障措施。构建课程思政建设保障激励和质量评价的长效机制，将课程思政建设纳入学院"三全育人"综合改革统筹安排。加强正向激励，开展课程思政示范课堂立项建设和课程思政优秀教师评选工作，在教育教学各类表彰奖励中突出课程思政要求。深化理论支持，加强课程思政理论研究，建设课程思政教学研究中心，设立专门的课程思政研究课题，推动研究成果转化运用。融入各类考核，将课程思政建设情况作为学院教学绩效考核的重要内容，作为教师考核评价、岗位聘用、评优奖励、人才选拔的重要指标。

（三）创新成效

近年来，学校本科生教育、研究生教育、继续教育多个项目入选教育部课程思政示范课程、教学名师和教学团队，涌现出"新生研讨课"（"教育专业发展导论"）、"中学生物学教学设计"、"中国史专题研究"、"社会学研究方法"等课程思政优秀课程和一批课程思政优秀教师。据学情调研显示，学生近5年在各级学科大赛中获奖千余项，经常性自主网络学习的比例高达85%，学习积极性和满意度不断提升。

华中师范大学将课程思政建设作为落实立德树人根本任务的战略举措和全面提高人才培养质量的重要任务，通过科学的制度设计和激励机制，不断完善课程思政工作体系、教学体系和内容体系，提升课程思政建设的规范性、系统性，探索形成具有教育元素、师范特点、信息化特色的课程思政建设模式，全面提高人才培养水平，切实彰显师范大学特色，共同画好课程思政同心圆，做好课程思政大文章。

三、让更多青年学生爱上"真理的味道"

（一）案例提要

2017年10月29日，华中师范大学青年学子成立习近平新时代中国特色社会主义思想学生研习社，是湖北省首个以研习、传播习近平新时代中国特色社会主义思想为目标的理论型学生社团。研习社以培养新时代信念坚定、能力突出、德才兼备的青年马克思主义者为目标，以学习、传播、践行习近平新时代中国特色社会主义思想为主要任务，用广大青年喜闻乐见的方式广泛开展理论宣讲、理论研习活动，积极推动习近平新时代中国特色社会主义思想进教材、进课堂、进头脑，探索青年理论社团建设新路径，让更多青年学生爱上"真理的味道"。

（二）实践探索

1. 坚持"零时差"，提升理论学习时效。第一时间学习、研究、宣传马克思主义中国化时代化最新成果、党的大政方针政策与党史故事，先后结合改革开放 40 周年、五四运动 100 周年、中华人民共和国成立 70 周年、中国共产党成立 100 周年等重大时间节点，开展改革开放 40 周年青春故事展、"百年党史大讲堂"、湖北省首届马克思主义理论类专业本科生论坛等多项品牌活动，打造大学生学习与发声第一平台。

2. 聚焦新时代，明确理论研习主线。将政治性、理论性、时代性和引领性作为研习社的重要底色，充分发挥全国重点马克思主义学院的学科背景和专业根基，成立研习社工作室，打造名家顾问团、教授导师团、学生宣讲团"三位一体"模式，邀请马克思主义理论学科带头人等知名专家学者为研习社成员深入解读习近平新时代中国特色社会主义思想，通过主题征文、科研立项、学术期刊等途径，鼓励研习社成员提升理论水平，引导学生学习好、宣传好、实践好习近平新时代中国特色社会主义思想。

3. 对标新青年，凸显学生宣讲主体。严把入口关，连续五届从本科生、硕士生、博士生中公开选拔思想素质过硬、业务能力过硬、宣讲水平过硬的青年宣讲骨干 60 余人。构建联动体系，承办"大道如砥，这十年"全国高校联合宣讲活动，主办全国高校理论宣讲类社团联席会议，邀请来自中国人民大学、华中科技大学、山东大学等国内 20 余所高校的大学生理论宣讲类社团共话社团发展建设经验。搭建校地联学桥梁，推动理论宣讲走出校园，组建湖北省"红脚印"党史宣讲团、华中师范大学"红英宣讲团"，赴雄安新区开展"红色文化助力千年雄安"主题宣讲行，深入河北雄安新区、常州革命烈士陵园等地开展宣讲。

4. 利用新手段，把握青年群体特性。贴近青年需求，采取微宣讲、微视频、微党课等方式，推动线下宣讲与线上推广同频共振，推出沉浸式思政话剧《你好，恽代英》，组建党史宣讲团，重点介绍 100 个党员故事，讲述十类伟大精神，推动党史学习教育深入群众、深入基层、深入人心。

（三）创新成效

研习社成立以来，研习社成员进课堂、进社区、进企业，在校内校外广泛开展学习研究、理论宣讲、社会实践、舞台展演等活动，共计完成覆盖逾5 万人次的 300 余场线上线下理论宣讲，多次受到央视、人民网、新华网、湖北卫视等多家主流媒体的采访报道，成为新时代新青年学习、宣传、研究习近平新时代中国特色社会主义思想的重要平台。目前，研习社已与武汉市武昌区委宣传部、汉阳区委宣传部等部门签订战略合作协议，打通校地携手研习渠道；与武汉革命博物馆形成长期合作关系，打造博物馆专项宣讲小组。

习近平新时代中国特色社会主义思想学生研习社自觉学习理论、带头宣讲理论、模范践行理论，创新宣讲方式，发挥朋辈示范效应，培养一批有理想、有本领、有担当的时代新人，打造了一支厚功底、善研习、讲政治、会教育的宣讲队伍，成为新时代青年学生学习践行习近平新时代中国特色社会主义思想的重要平台，有力推动了习近平新时代中国特色社会主义思想入脑入心。

四、学习恽代英，争做有理想有本领有担当的时代新人

（一）案例提要

恽代英同志是中国共产党早期青年工作的领导人，是华中师范大学的杰出校友，也是桂子山上一面精神旗帜。赓续红色血脉，向恽代英学习，不仅要坚持育人导向，更要注重创新。学校充分挖掘红色育人资源，构建向恽代英学习的工作体系，将向恽代英学习融入学生思想政治教育全过程，教育引导学生成为桂子山上的时代新人。

（二）实践探索

1. 构建常态化学习体系。将向恽代英学习作为学校开展思想政治教育的特色，作为学校党委中心组学习、"三会一课"和主题党团日重要内容，作为党史学习教育的特色品牌，采用集中领学、现场教学、支部研学、分享促学、个人自学等多种形式相结合的方式，形成学习矩阵。

2. 构建立体化传承体系。在校史展览馆设立"恽代英生平陈列室"，供学生了解和学习恽代英校友的光荣革命事迹，激励学生发奋图强。在学校中心地带树立恽代英雕像，在重大纪念日举行缅怀仪式，营造浓厚爱国主义教育氛围。利用新媒体技术，创作传播华中师大版 MV《少年》、微动画《重温光辉岁月，闪亮红色名片》等学习资源，用大学生喜闻乐见的方式宣传恽代英光辉事迹，使其成为学校培养时代新人的重要精神印记。开展恽代英足迹寻访活动，组织师生赴南京、常州、上海等恽代英足迹地开展社会实践。加强研究阐释，召开恽代英同志诞辰 90 周年、100 周年、110 周年和120 周年学术研讨会，发挥马克思主义理论和党史党建学科优势，组织专家学者深化对恽代英同志光辉事迹的研究，出版《恽代英年谱》《恽代英思想研究》《恽代英全集》等学术著作。将向恽代英学习融入思政大课，依托新

时代湖北讲习所等教育基地，开展宣传宣讲，推出《恽代英与伟大建党精神》《中国共产党人的初心与使命——以恽代英为例》等系列精品报告。

3. 构建立体化实践体系。探索"1234"实践育人品牌，创作一套红色舞台剧《恽代英》，再现恽代英青春时光，复现艰苦卓绝的革命征程，累计演出30余场，5万名观众观看演出；创建"恽代英青年讲师团""恽代英新闻采访团"两个红色团体，以青年师生为主体开展理论宣讲、新闻采访，恽代英青年讲师团积极构建"80后""90后""00后"宣讲梯队，开展线上线下百余场宣讲活动，累计覆盖10万余人次；设立"恽代英党校培训班""恽代英菁英学校""恽代英青年领袖培养班"三个红色班级，在普育、个育基础上，实现"卓育"拔尖人才培养，培养一批政治站位高、学习成绩好、工作能力强、思路视野广的青年学生骨干。在"一剧"文化育人、"二团"实践育人、"三班"组织育人的基础上，拓宽思想政治引领渠道，开辟网络思想引领阵地，构建起文化育人、实践育人、组织育人、网络育人的四维育人平台。

（三）创新成效

目前，向恽代英学习已经成为学校思想政治教育的重要品牌。《恽代英》系列红色文化剧目入选湖北省第二届艺术节优秀剧目，是湖北省庆祝中国共产党成立95周年大学生歌咏会唯一特邀剧目，荣获湖北省教科文卫体系统文艺汇演比赛一等奖，获新华社、光明日报、湖北日报等主流媒体报道。恽代英青年讲师团入选第六届全国高校"礼敬中华优秀传统文化"系列活动全国示范项目，全国仅10项。

华中师范大学充分发掘和建设红色文化资源，构建可持续、多层面爱国主义教育和革命传统教育载体，将文化育人、组织育人、实践育人、网络育人有机结合起来，增强育人的方向性、协同性、引领性和实效性，引导大学生在知行合一中坚定理想信念，强化责任担当，是一次实现全员全过程全方位育人的生动实践。

五、厚植农村调查特色，打造"田野思政"育人模式

（一）案例提要

习近平总书记指出，"大思政课"我们要善用之，一定要跟现实结合起来。

华中师范大学中国农村研究院是教育部人文社会科学重点研究基地、政治学一流学科建设单位、教育部签约智库单位，自20世纪80年代始，学院坚持"顶天立地，理论务农"的理念，积极探索"田野思政"实践育人模式，让师生走进田间地头作研究，不断提升"大思政课"培根铸魂实效，更好担负起为党育人、为国育才使命。

（二）实践探索

1. 聚焦价值引领，从"书斋"到"田野"。学院坚持把育人工作扎根在祖国大地上，在传统的理论教学之外深耕田野课堂，搭建系统化、梯次化的中国农村调查研究大平台，引导师生读懂中国。以区域村庄调查"察古今"，实施华南宗族村庄、长江家户村庄、黄河村户村庄等涵盖全国八大区域的深度农村驻村调查项目，在探寻农村根基中深化学生对中国农村发展脉络的认识。以微型家户调查"识家国"，每年组织学生深入全国各地开展农村"家户制度专项调查"，累积编写超5万字的家户调查提纲，撰写家户调查报告587份，出版500万字、5卷本的《中国农村调查·家户类》，拓展学生研究视野。编写农民口述史，组织多次大规模基础口述调查和专题口述调查，累计出版各类口述史报告14卷，约1440万字，坚定学生人民立场。以问卷跟踪调查"触社会"，自2006开始实施"百村十年观察"调研项目，组织师生到全国30余个省区市、305个村庄和"田野一线"进行问卷跟踪调查，引导学生在调研中感知经济社会发展成就。

2. 聚焦能力提升，从"问师"到"问民"。构建"双导师、双课堂"模式，组建农民和基层干部等校外导师队伍，实现校内外育人队伍职责互补、相互配合。向老师学"知识"，开设"田野课堂"和系列方法论课程，积极推进课程思政建设，组建项目团队，现场指导学生开展田野调查，提升学生科研创新能力。向农民问"真知"，将田野实证论文作为毕业论文基本要求，组织学生对 5000 余农户连续跟踪调查 15 年，中国农村数据库累计收录调查数据 10 万余份、文献资料 40 万余份、影像资料 10 万余份，让学生真正下到基层、走向农村。向地方提建议，积极开展校地合作，鼓励学生走进地方政府实践，鼓励学生以深度研究服务乡村振兴、城乡融合发展等国家重大战略，学生参与撰写《海沧跨越》《巴东创举》《东平崛起》等 17 部"智库书系"。

3. 聚焦育人实效，从"单向"到"融合"。坚持基层党建与调查研究、人才培养互融互促。搭建党建活动平台，成立"百村观察"平台党支部，统筹推进实施"百村观察"、"深度中国调查"和"乡村振兴百村十年观察"等大型农村田野调查项目。实施"田野党校"培训计划，成立校地联建"百村观察"田野党建工作室，建立"田野微光"理论务农宣讲团，把党建活动立于田间地头巷尾、把党员教育放在乡村振兴前沿。搭建科研交流平台，开设"田野争鸣"研究生学术论坛、田野政治学博士生沙龙，打造46 期"百村讲坛"平台，引导学生树立科研报国志向。搭建文化育人平台，举办"田野心语"心理健康教育、"田野职引"职业生涯规划和就业指导、"田野面对面"师生交流、"田野青春故事分享会"和"田野杯"影像及征文等系列文化活动，培育学生田野情怀。

（三）创新成效

学院立足田野调查特色，以一流的学科、智库、平台建设为依托，对标国家战略，服务社会需要，创新人才培养模式收到了实效，不仅培养了一批高水平复合型人才，产出了一批高质量研究成果，而且塑造了特色育人品牌。学生深度参与的《中国农村调查》系列成果在学界产生较大反响,10余年来累计呈送 623 篇咨政报告,获司局级及以上单位或领导批示、采纳的达 426 篇次,"百村观察"平台党支部实践队荣获 2021 年共青团中央"全国优秀实践队",入选"湖北省高校党建工作样板党支部培育创建单位",《中国青年报》以《深入田野做调查 真正体悟"中国之治"》为题对学院"田野思政"育人模式进行了专题报道。

"没有调查,就没有发言权",重视调查研究是党的优良传统和作风。青年学生要想成长为堪当民族复兴大任的时代新人,更要重视调查研究,在学好书本知识、掌握专业技能的同时,真正走到一线,走进农村,将论文写在祖国大地上,把成果留在希望的田野上。华中师范大学中国农村研究院不仅把科研工作做到了祖国大地,同时也把育人工作推到了田间地头,用"田野思政"回答"'大思政课'如何善用之"的问题,在培养具有家国情怀的复合型政治学高端人才道路上走出了一条新路。

六、弘扬伟大抗疫精神,构建线上思政模式

(一)案例提要

新冠疫情是新中国成立以来传播速度最快、感染范围最广、防控难度最大的一次重大突发公共卫生事件。在这场没有硝烟的战役中,华中师范大学始终坚守教育阵地,坚决落实立德树人根本任务,坚持弘扬伟大抗疫精神,上好"思政大课",引导学生坚定理想信念、厚植家国情怀、激发担当精神,着力培养堪当民族复兴大任的时代新人。

(二)实践探索

1. 构建长效机制。将伟大抗疫精神作为开展师生思想政治教育和爱国主义教育,特别是毕业生教育、新生教育等的重要内容,作为深化新时代思

想政治工作改革创新的重要课题，作为推进心理学、教育学等学科建设的重要契机，作为进一步优化学校治理体系和提升治理能力的重要抓手，作为推进校园基础设施建设的重要动力，在战略上谋划，从细微处推进。坚持构建长效机制，打造常态化的线上思政工作模式，确保在线教学期间"线上学习不间断、思政教育不断线"，推动伟大抗疫精神进课堂、进教材、进头脑。

2. 弘扬伟大抗疫精神。把握"思政教师讲理论、专业教师讲内涵、干部教师讲担当、抗疫青年讲实践"的总体思路与原则，开展"共克时艰·抗击疫情""抗疫思政小课堂"等思政课专题教学，举办"同课异构、协同共研"网络集体备课会，积极参与教育部组织的"高校党组织战疫示范微党课"。"云思政"带来的"流量"远超传统思政课，从思政课、专业课到第二课堂的讲座、论坛，抗疫成为课堂上最鲜活、最吸引人的素材，各类课程与思政课同向同行，进一步形成育人合力。

3. 讲好抗疫故事。发挥首批教育政务融媒体试点单位示范作用，依托学校融媒体中心，将做好抗疫新闻宣传作为推进校园媒体融合的一次大练兵，聚合"一报、两网、五大主流官方新媒体、三百多个二级新媒体"的媒体资源，开设"桂子山夜话""战疫华师人""停课不停学"等多个专题专栏，生动讲述抗疫故事。打造全新形式、云端全流程设计制作的华师故事展映会，以"家书"为主题，结合书信、日记、朗诵、歌曲和对话的形式讲好华师抗疫故事。举办课堂网络宣讲活动、大学生生命健康教育专题故事讲述活动，广泛邀请"疫情防控最美志愿者"等抗疫典型进校分享抗疫故事，开展"共抗疫情·爱国力行"主题宣传教育和网络文化作品征集展示活动。广大师生通过多种形式致敬抗疫英雄，推出原创文艺作品 300 多项，出版了《华师抗疫故事》《画说抗疫英雄》，创作"抗疫先锋"系列漫画。

4. 深化研究阐释。依托高校思想政治工作创新发展中心、湖北省中国特色社会主义研究中心华师基地等平台，组织专家学者深入研究阐释伟大抗疫精神，先后在《中国高等教育》《中国教育报》《中国社会科学报》等报刊上发表《坚守教育阵地，落实立德树人》《教育创新与实践，高校科技战"疫"的引擎》等一批有深度、有分量的研究成果。

（三）创新成效

华中师范大学《全媒体聚力融"心"，全方位用心战"疫"》入选教育部"2020 教育政务新媒体年度案例"。

华中师范大学始终坚守教育阵地，坚决落实立德树人根本任务，将教育信息化优势迅速转化为防疫抗疫力量，主动求新求变，特别是将抗疫实践作为最鲜活的思政教材、最具感召力的育人样本，源源不断地引入思想政治教育中，将抗疫力量转化为育人力量，践行育人初心使命，在大考中交出立德树人合格答卷。

第二节 实践养成类

一、拨动心灵之弦，奏响育人乐章

（一）案例提要

如何引导大学生补足精神之钙、铸牢思想之魂、把稳思想之舵？华中师范大学从百年校史中汲取教育报国的精神养分，于 2016 年首创"讲好华师故事"主题宣传教育活动，通过平凡人讲故事的质朴形式，回顾办学历程，弘扬校训精神，厚植家国情怀，助力构建全员、全程、全方位的大思政教育体系，实现"人人皆主体、时时皆契机、处处皆课堂"的育人效果。

（二）实践探索

1. 品牌化设计，绘就活动育人"五线谱"。召开专家学者座谈会，明确活动原则和总体目标，从理论高度解决华师故事与文化自信、文化传承、文化育人的关系。成立以党委书记、校长为组长的"讲好华师故事"主题宣传教育活动领导小组，印发《华中师范大学关于开展"讲好华师故事"主题宣传教育活动的实施方案》，确定"共叙桂子情、同筑华师梦"主题，重点讲好办学历史、学科发展、师生典型、优秀校友、国际交流等五类故事。7年来，近千名讲述者通过各种形式讲述了他们的故事，其中50多名讲述者登上了"华师故事"展映会的舞台。发布"华师故事"视觉识别系统设计方案，推出系列衍生文化产品，提高活动传播力和影响力。

2. 一体化运作，弹出全员育人"协奏曲"。深入探索主题活动与价值引领相结合的有效路径，在学校层面，将每年"讲好华师故事"的主题紧扣本年度重大主题教育活动，比如，2021年第六届"讲好华师故事"以"校魂"为主题、以"校史"为主线，将校史与党史紧密结合；2020年以"家书"为主题，讲述华师战疫故事；2019年围绕"不忘初心、牢记使命"主题，讲述华师百余年来的教育强国梦想。在学院层面，启动"讲好华师故事"主题宣传教育活动重点项目申报，从活动导向、项目形式、项目负责人、成果形式、专项经费等方面进行标准化设计，确保重点项目推动。以各个学院为主要依托，孵化出"地理与城环人物故事""计算机人的故事""桂子山植物大赏""我与文学院的故事"等多个精品项目和"青春记忆——讲述华师故事主题演讲比赛"、"毕业生分享会"、"把我说给你听"、"口述校史"、"华师故事"老教师讲述团、"一本编辑部"学生媒体组织等精品活动和团队，调动师生共绘育人"同心圆"。

3. 立体化呈现，弘扬文化育人主旋律。创作生产微电影、微视频、话剧、歌曲、美术作品等文艺精品，丰富"华师故事"的内涵和外延。建设"华师故事"微视频制作平台，拍摄《美丽人生》《学术人生》《林木深处觅绿魂》《"感动华师"海外人物》等 20 余部"华师故事"系列微电影、微视频。创作原创歌曲《桂花谣》等"华师故事"系列文艺作品。举办"青春记忆——讲述华师的故事"美术作品展、"手绘华师故事"大赛。在全校范围内征集评选出有代表性的故事,举办"华师故事"展映会。编印"华师故事"系列丛书,以回忆录、老照片、文学等多种呈现形式巩固成果。

4. 分众化传播,奏响思政育人"最强音"。主动适应受众的分众化、差异化特征,采取全媒体覆盖、分众化推广、矩阵式宣传的推广方式拓宽覆盖面,结合报纸、广播台、电视台、橱窗等传统媒体推出"华师故事"专题专栏,邀请中央主流媒体展开深度报道;举办"华师故事"新媒体创意大赛,征集百余件微视频、动画片、平面设计、摄影作品和移动互联网应用作品,利用微博、微信、抖音等新媒体平台进行专题推送,总体阅读量高达数千万人次。"华师故事"成为全校 70 个职能部门和二级学院携手倾心打造的"年度育人大课",成为每年 8000 名新生甘之如饴的"必修课"。

(三)创新成效

首届"华师故事"展映会的成功举办,获得多家中央主流媒体的重量级报道:《光明日报》头版头条刊发《把希望和光明送向远方——华中师范大学"华师故事"彰显教育力量》,《中国青年报》头版报道《"华师故事"展映会唤醒教育魂》,新华社发表通稿《创新育人载体,不忘教育初心——一所师范院校的"网红教育现象"观察》……在接下来的五年中,"华师故事"的品牌效应和辐射范围不断扩大,新华网、中新网、人民网、央广网、《中国教育报》、《湖北日报》等各级各类媒体竞相报道,社会总体阅读量总计高达上千万人次,多所兄弟高校纷纷推出相关活动。

"华师故事"以百年校史为主题,以师生渴望了解的历史事例和人物为主线,深入挖掘学校文化内核,大力宣传百年办学历史形成的校训和精神,对师生进行学校传统和文化教育,内容贴近学校实际、贴近师生生活,有温度、有质感，可触摸、可感通，在同频共振中实现了教育的情感认同和价值认同。华师故事通过师生、校友自己讲述学校的人和事，自己创作微电影、微视频、歌曲、美术作品，自己编辑系列丛书、编演剧目等，将学校文化熏陶融入师生思想政治教育，形式多样、格调高雅，构建起师生乐于接受的话语体系。"华师故事"是做好高校思想政治工作的具体举措，是探索新时代高校思想政治工作方法创新的生动实践。

二、发挥融媒优势，培育时代新人

（一）案例提要

人在哪里，思想政治工作重点就在哪里。互联网突破了课堂、高校、求知的传统边界，对学生的影响越来越大。随着有"网络原住民"之称的"00后"大学生群体进入校园，华中师范大学融媒体中心以硬件建设为基础，以项目实施为抓手，以队伍建设为依托，多措并举加强网络育人。

（二）实践探索

1. 优化网络思政供给，从"一枝独秀"到"百花齐放"。将互联网作为思政工作改革创新的支点，突出互动性和体验性，推出一系列符合"00后"大学生网络角色特点的思想政治教育新产品新平台新阵地。充分考虑全媒体时代快速阅读和图像阅读的特点，采用图片、微视频等可视化模式，在理论宣讲中使用"五分钟读懂""一图读懂""数读"等形式。在爱国主义教育中运用微视频方式，推出大学生自编自制的华师版《少年》，全网推送《携笔从戎 参军报国》等短视频，开展"'画'说百年辉煌网上展映会"等活动。在心理健康教育中采用音频方式，推出"桂子山夜话"等网络广播，生动直观的内容让大学生好理解、易接受。

2. 正视网络角色困惑，从"单一角色"到"多重角色"。作为教育部首批教育信息化建设和教育融媒体建设"双试点"高校，华中师范大学充分发挥信息化和融媒体优势，依托教育大数据应用技术国家工程实验室、国家语言资源监测与研究网络媒体中心、学校融媒体中心、网络思政教育基地等平台，连续多年开展网络用语、大学生网络行为习惯等深度调查，构建全面、精准、多维的大学生网络画像体系。建立 23 个院系二级心理健康教育工作站、10 多个网络思政工作室，将维护大学生的网络心理健康作为重点工作，培养大学生良好的网络心理素质。

3. 规范网络角色行为，从"新新人类"到时代新人。为引导大学生文明上网，出台《华中师范大学网络与新媒体建设管理实施办法》《华中师范大学互联网群组管理办法》等文件，举办"'争做中国好网民'工程暨湖北省第十三届网络文化节""高校网络文化节""融媒体盛典"等活动，从制度上、文化上将依法上网、文明上网纳入师生行为规范，融入校园文化氛围。在庆祝中国共产党成立 100 周年之际，通过组织专家讲述、清明祭扫等活动，学习恽代英、光未然等前辈校友的事迹；以网络直播、艺术展览、文艺汇演等方式，推出"百名师生百日传唱百首赞歌"等红色活动，让大学生在理论和实践的双重淬炼中加强社会参与感和责任感。

（三）创新成效

学校"一核多层"融媒体矩阵基本完善，各级各类新媒体平台总数达 360 余个，服务用户总数已超 150 万人次，年传播阅读总量超 1 亿次，学校官方微信、官方微博影响力排名已跻身教育部直属高校前 20 位。"青春为祖国歌唱""时光书"网络育人活动两次登上央视《新闻联播》，打造"华师故事""走读红色经典"等教育专题品牌，以"00 后"喜闻乐见的方式来进行思想引领，让立德树人主旋律唱得响，让思政工作主动权抓得牢，让网络育人新阵地靠得住。

高校网络思政教育在内容生产上既要连接现实世界，又要渗入虚拟世界，既要以理服人，也要以情动人，只有在理念、文化和情感上实现共鸣共情，才能达到网络育人的效果。华中师范大学在网络思政供给上实现 3 个维度的转变：使宏大叙事向人文叙事转变，使文本载体向可视载体转变，使理论宣教向榜样力量转变，取得了良好效果。

三、恽代英新闻采访团，"四力"引领青年学生成长成才

（一）案例提要

华中师范大学的恽代英新闻采访团是首个以"恽代英"命名成立的新闻采访团，采访团以党团建设为载体，始终追寻革命先烈恽代英的报国理想和青年精神，积极践行马克思主义新闻观，探索思政教育的新路径，促进党团建设和人才培养双融双促，培养具有扎实"四力"，又红又专，德才兼备，全面发展的新闻后备人才。

（二）实践探索

1. 以脚力为基础，立足马克思主义新闻观。站稳政治立场，深入调查研究。采访团立足马克思主义新闻观，利用自身专业特色探寻经典红色轨迹，将寻访恽代英在武汉时期革命旧址、清明祭扫英烈固化为年度主题教育活动，将思想教育融入新闻实践，形成《恽代英在汉活动及思想研究口述史》调研报告，获教育部首届礼敬中华优秀传统文化特色展示项目。落实习近平总书记关于"记者再走长征路"主题采访活动的重要指示精神，赴西柏坡、于都、嘉兴等地开展"走读红色经典"等系列特色党日活动，用沉浸体验式教学打造思政第二课堂，活动受到《人民日报》等多家主流媒体报道，参与的《新时代湖北大学生红色阅读与思想成长引领研究》项目获第十七届"挑战杯"全国大学生课外学术科技作品竞赛"红色专项活动"二等奖。

2. 以眼力为关键，开拓人才培养新视野。发挥专业特长，寻找典型人

物，对"共和国勋章"获得者张富清进行口述史采访，参与制作的《读懂中国·章开沅先生》获教育部 2019 年"读懂中国"活动最佳微视频奖，组织开展马克思主义新闻观大讲堂，邀请全国学雷锋先进个人、党员好榜样等讲述榜样故事。参与"名人堂"红色资源文库项目，制作完成系列校史微视频、"重温光辉岁月，闪亮红色名片"学校红色人物动画及题库，参与"桂子山记忆"口述历史档案项目，记录百位老教授华师记忆，激发师生爱校荣校情怀。打造具有专业特色的红色传播志愿服务，开展儿童有声读物公益平台等志愿服务、大学生返乡支教服务，2021 年成功入选湖北省"本禹志愿服务队"创建团体。

3. 以脑力为核心，迸发科研创新活力。增强脑力，打牢专业功底，参与第十六届"挑战杯"全国大学生课外学术科技作品竞赛。《大学生网络社区表达及互动研究——基于华中地区某高校 QQ 群五年的实证调查》获全国二等奖，《新时代大学生网络表达及互动关系研究》项目获批教育部人文社会科学研究青年基金项目。打造学生社团微影制作协会，制作 80 余期摄影教程栏目《V 次方》，举办 4 届"一幕光影"短视频创意大赛，收集原创作品 1000 余件。支持"一方"文化创意工作室，以"做好玩儿的国潮文化"为目标，通过短视频等多种创意形式，传承传播传统文化。"一方"非遗文化创意传播项目入选教育部 2020 年"高校原创文化精品推广行动计划"，相关案例作品获第六届"互联网+"省赛铜奖、"创青春"省赛三等奖、湖北省第七届大学生艺术节高校美育改革创新案例三等奖。

4. 以笔力为抓手，画出实践育人"同心圆"。打造"思政+新闻拔尖人才培养"育人，鼓励采访团成员走出校园，走向城市、走进街巷开展新闻实践，以青年视角记录中国故事，传递时代精神。创建首个由采访团孵化而出的特色项目团队——"一本"编辑部，出版的《华师微事》获团中央"千校千项"成果遴选之"最具影响好项目"。聚焦武汉临近拆迁的部分老城区，与武昌区中华路街道党工委合作开展《楚巷风华》《武昌新旧记忆》等项目，创新呈现武汉城市文化。《印象·武昌》系列纪录片获 2019 年

"湖北省工匠杯"优秀技能人才（微电影）大赛二等奖、"讲好中国故事"创意传播大赛湖北分站赛创意类二等奖。积极助力乡村振兴，撰写江西野生动物养殖行业新闻报道，获相关领导批示，推动该项惠民政策在全省推广，开展的农业特色产业发展情况调研活动覆盖 12 个省、300 多个行政村，完成 31 篇调研报告，累计 30 万字。

（三）创新成效

目前，采访团包含 1 个党支部、2 个团支部和 1 个省级本禹志愿服务队，成员参与 33 支大学生创业创新项目团队，共计获得国家级奖项 15 项、省级奖励 20 项、校级奖励 74 项，累计完成 100 余篇采访报道，拍摄上千张图片，制作多部纪实性视频。采访成果获教育部首届"礼敬中华传统文化"展示项目、第四届"礼敬中华优秀传统文化"系列活动示范项目；团队获中青网"镜头中的三下乡"好团队奖、湖北省暑期社会实践优秀团队称号，党支部获湖北省委教育工委"先进基层党组织"称号。

2018 年 9 月，习近平总书记在全国教育大会上指出，培养什么人，是教育的首要问题。把组织建设与教育引领结合起来，强化基层党组织的育人功能、管理功能、服务功能，是学生党支部的重要任务。作为一个涵盖学生社团党支部、团支部的学生组织，恽代英新闻采访团将专业学习与党团建设深度融合，探索了党建工作理念思路、内容形式、方法手段的创新，增强了工作的时代性和实效性。

四、以高质量美育为引领，构建文化育人新格局

（一）案例提要

习近平总书记强调："要全面加强和改进学校美育，配齐配好美育教

师，坚持以美育人、以文化人，提高学生审美和人文素养。"① 华中师范大学认真落实新时代高校美育工作要求，发挥学校特色专业优势，坚持以美育人、以美化人、以美培元，构建德智体美劳全面发展的人才培养教育体系，提升学生美育感知力、鉴赏力、创造力，形成全覆盖、多层级、高质量的美育育人工作体系。

（二）实践探索

1. 加强美育工作力度，坚持协同育人。完善学校美育工作总体设计，成立大学生美育（艺术）教育中心，统筹美育教育工作。成立美育研究中心，创办《美育研究》等期刊，推动美育理论研究与实践并举。探索构建全方位全学科全课程美育体系，创新大学美育途径和方法，推动学校美育与社会美育、大学美育与中小学美育协同发展。加强师资队伍建设，鼓励专业教师开设美育课程，引导教师积极参与美育课程建设和教学改革。加强教师美育培训，提高教师教学水平，强化美育教学管理和效果评价。完善美育经费保障机制，保障美育活动开展、教学体系建设、效果评估、师资培养培训等经费支出，不断改善美育工作条件。

2. 提升美育工作高度，引领学生思想。将美育与党建工作结合起来，实施"红船引航"计划，成立特色党支部，聘请思政专家作为"引航导师"，通过理论研学、主题党日、志愿服务等形式，实现美育与党建工作双融双促。开展以人民为中心的主题创作课，组织"手绘最美教师""手绘最美劳动者"活动，打造学子"'我和我的祖国'原创作品大赛""廉政文化作品征集大赛"等系列校园文化品牌，引导学生用艺术发现新时代人物之美、发展之美、时代之美。加强网络思想引领，打造毕业歌《爱你》，推出网络美育作品。

3. 挖掘美育工作深度，提升艺术修养。面向全校师生开设美育课程，

---

① 《习近平著作选读》第二卷，人民出版社 2023 年版，第 201 页。

以美育基础知识为主要内容，以提高审美素质、发展审美能力、提升人生境界为目标，提升师生对美育的了解和对艺术美、自然美、社会美、科学美的全面认知。根据学生认知水平、心理发展程度，构建美育理论课程、艺术鉴赏课程及艺术实践课程体系。加强经典艺术教育，邀请国内外知名学者和艺术大师参加"美育公开课""美育大讲堂""艺术沙龙"等学术活动，培养学生审美情趣和创造力。组织学生参观艺术展览等，将美育所蕴含的中华优秀传统文化教育元素融入观展过程。

4. 保障美育工作温度，营造高雅氛围。以弘扬民族文化和时代精神为导向，组织开展博雅原创系列活动，引导学生关注社会生活，每年参与人数达 1 万余人。打造"桂子山美育节"，以思想引领、专业研讨、艺术展览、艺术体验、社会服务为主要内容，围绕创意集市、非遗作品展、布贴剪纸体验、毕业作品大家谈等主题项目，开展"桂子山美育节""艺术文化节""合唱体验课"等系列美育活动，让学生近距离了解艺术、感受艺术、体验艺术，提升学生艺术修养。开设"小艺公开课"、LISA 课堂等一批线上精品课程，健全"博雅数字美术馆"线上平台，扩大美育辐射面和影响力。强化线下学习体验，依托学院开放日、陶艺乐烧等一系列艺术展示、体验活动，打造美育空间，营造浓厚校园艺术氛围。

5. 拓展美育工作宽度，强化社会服务。加强校内外合作，建立美育实践基地，打造寻访中华优秀传统文化社会实践品牌、阳光助残美育志愿服务品牌，开展"致敬劳动者"等艺术创作实践活动，提升学生实践能力。开展艺术进校园、进社区、进基层系列活动，通过"千生画千村""最美奋斗人附小作品展""共赏一次美术展"等活动，让艺术走近中小学生、居民、一线建设者，引导大学生关注社会，提升社会责任感和使命感。

（三）创新成效

教育部网站多次推介《华中师范大学打造"思政三课"推进思政与美育协同育人》《华中师范大学多举措推进美育工作》等经验做法，《新时代

"一心·三维·六化"浸润式美育探索与实践》项目获批 2023 年度高校思想政治工作质量提升综合改革与精品建设项目，学校获第六届全国大学生艺术节一等奖，学生在相关美育赛事中获奖 200 余人次，出版《画说抗疫英雄》《画说百年辉煌》《画说千村风貌》《画说大国院士》等美术成果，《中国教育报》以《华中师范大学探索"思政+美育"协同育人模式》为题对学校美育工作进行报道。

以美育人，以文化人，将社会主义核心价值观融入课堂教学、课外活动、校园文化建设全过程，大力传承和弘扬中华优秀传统文化，润物细无声地开展大学生思想政治教育，是学习贯彻落实习近平总书记关于宣传思想文化工作和美育工作重要指示的必然要求。华中师范大学围绕立德树人根本任务，深入挖掘美育活动中的思政元素，推进美育主题实践体验活动，打造主题特色校园美育文化，将知识介绍、技能学习与价值观培育融为一体，让广大师生真正成为美育工作的受益者、参与者、反哺者。

五、坚持"五度"协同发力，打造少数民族学生生涯导航品牌

（一）案例提要

少数民族学生是高校学生工作的重点群体，加强对少数民族学生的生涯规划，为民族地区培养政治信仰坚定、能担大任的时代新人，是高校落实立德树人根本任务、做好民族团结进步教育工作的重要任务。华中师范大学以铸牢中华民族共同体意识为主线，始终坚持以学生为中心，坚持"高度、深度、精度、温度、广度"协同发力，创新探索少数民族学生生涯导航品牌，取得良好实效。

（二）实践探索

1. 提升高度，构建协同发力工作机制。少数民族学生生涯规划作为学

校学生工作、民族工作和就业工作的重中之重,构建"校党委统一领导、分管校领导统筹指导、党委学生工作部主体推动、统战部与保卫处等相关部门协同配合、学工部民族事务办公室具体实施、全校师生广泛参与"的工作机制,形成"入学前测评—生涯唤醒—规划引导—生涯实训—就业指导—职场适应"全程护航的生涯规划教育模式。

2. 加强深度,开展生涯规划课堂教育。完善课程体系,开设《大学生职业生涯发展与规划》《师范生生涯发展》《大学生自我营销》《大学生通用学习能力》等 37 个职业生涯规划类课程。将生涯规划教育融入思政课程和课程思政建设,开展社会主义核心价值观和党史学习教育,引导学生树立正确的生涯发展观、成才观、就业观、职业观和幸福观。注重课堂实践和以赛代训,举办生涯规划书设计、师范生技能大赛、简历制作、思政微课大赛等比赛,提升学生就业竞争力。

3. 聚焦精度,提供生涯规划咨询服务。成立"美美与共"民族团结教育工作室等,建好全国首批特色职业生涯咨询工作室,打造多元、专业、优秀的生涯师资团队,配备专兼职咨询师 22 人,开展生涯规划、就业创业、思政教育、心理健康等咨询服务。连续四年开展生涯导航月系列活动,举办生涯辅导系列讲座、新生午餐会、生涯团体辅导、职场人物分享会、实习经验交流会等活动 40 余场,覆盖学生万余人次,培养学生群体生涯意识与发展规划能力。

4. 提升温度,开展生涯规划系列活动。搭建学业帮扶平台,依托校院两级学习发展中心,举办普通话提升训练营、演讲与口才训练、英语技能提升营等系列活动。开展"一对一"帮扶,通过专职辅导员"面对面谈心谈话"制度、辅导员"六个一"要求,走访学生寝室,走进学生课堂,与少数民族学生开展每学期一次的谈心谈话,有效解决学生生涯困惑。强化家校协同,连续 6 年组建家访团,组织 50 余名政工干部,深入少数民族地区,累计走访 230 余名学生的家庭,围绕学业、就业等问题与家长加强沟通交流。

5. 拓展广度，丰富生涯探索社会实践。加强实践育人，深入开展民族团结进步教育，上好社会实践这堂"生涯探索课程"，组织各民族学生骨干走进中小学课堂，开展"爱心助学云辅导""民族风情展示课"等志愿活动；连续 6 年组建华师大"丝路·逐梦"志愿服务队，组织近百名优秀大学生赴新疆和田、阿克苏、克孜勒苏克尔克孜自治州开展社会实践活动，开创性举办生涯教育周、心理健康教育周、素质拓展与训练，服务当地学生4712 人。

（三）创新成效

学校少数民族学生升学率、毕业率显著提高，党员人数明显提升，学校获评 2021 年湖北省民族团结进步示范高校、"美美与共"民族团结教育工作室挂牌"华中师范大学红石榴工作站"，"丝路·逐梦"社会实践队获评湖北省优秀实践队，红石榴成长园民族社获评学校"十佳"学生社团，一名专职辅导员获湖北省 2022 年度高校辅导员育人故事大赛一等奖，学校民族工作被多家主流媒体报道，社会反响较好。

华中师范大学充分发挥师范类高校在铸牢中华民族共同体意识的重要阵地作用，坚持"有温度的教育"，将生涯导航融入"思想引领""能力提升""成长关爱"三大育人工程，往实里抓，往细里做，用爱心、细心、耐心做好民族团结进步教育工作，努力将各民族大学生培养成担当民族复兴大任的时代新人。

六、打造调研大赛活动品牌，架起师生共谋共治桥梁

（一）案例提要

习近平总书记指出："调查研究是谋事之基、成事之道。没有调查，就

没有发言权，更没有决策权。"① 华中师范大学在深入开展学习贯彻习近平新时代中国特色社会主义思想主题教育中，坚持师生共研、共谋、共治、共享，以校园调研大赛活动品牌为载体平台，深入落实以学生为中心的理念，为同学们办实事、办好事，大力推进治理体系和治理能力现代化，更好落实立德树人根本任务。

（二）实践探索

1. 不断完善调研大赛赛制。坚持调研选题多样化，设置"教育教学类""管理服务类""校园文化类""团队自选类"等多方面、多层次调研方向。紧扣时事热点，坚持赛事评价科学化。初赛由相关专家对参赛选手提交的调研计划和调研问卷进行评审，决赛由参赛选手进行现场答辩，评审团和专家评审结合答辩成绩和初赛成绩，评选出最终获奖者，通过科学赛制调动广大学生参与校园民主治理的积极性、主动性，让大家敢于发声、善于发声、乐于发声。

2. 聚焦青年学生成长需求。聚焦学生学习、就业、生活中最突出、最迫切的需求，以"小切口"解决"大问题"，真正解难题、办实事、促发展。《高校研究生群体就业心理变化及其调适研究》聚焦当前高校毕业生就业问题，鼓励同学们用智慧和汗水去创造美好的生活。《基于互联网的师范生线上远程智慧教学实践模式调研》建议在"互联网+教育"的协同机制下，通过远程在线的方式培养师范生教学实践能力。

3. 推动解决学生急难愁盼的问题。引导参赛队伍积极反映学生呼声，参与校园民主治理。《关于华师宿舍楼公共浴室的深入调查研究》围绕校园基础配套设施开展调研，对校园公共浴室建设提出改善措施。《关于华中师范大学跨校区交通现状及优化策略调查——以南湖校区通勤为例》就优化

---

① 《习近平关于"不忘初心、牢记使命"论述摘编》，中央文献出版社 2019 年版，第211 页。

校园内部交通管理体系提出建议。《大数据时代下高校图书馆个性化信息服务研究——以华中师范大学为例》聚焦图书馆信息化平台建设问题。通过现场答疑、座谈交流和督查督办等方式，学校积极回应学生问题，对相关问题做到立行立改。

（三）创新成效

自 2018 年起，华中师范大学校园调研大赛累计吸引 700 余支团队、6000 余名学生参与，形成调研报告 1200 余份。通过以赛促学、以赛促教、以赛促研的形式，积极引导青年学生深入社会、了解校情，不仅有效提升了广大学子的科研水平，更加强了学生与学校之间的沟通，为广大学生提供一个建言献策的有效平台，使学生可以切身参与校园建设，为学校发展贡献一份自己的力量，充分发挥学生的主人翁作用。

校园调研大赛是学校落实以学生为中心，为学生办实事、办好事的有力举措和活动品牌，调查研究成果问题准、方法实、建议好、情怀深，小切口折射大主题，小细节体现大学问，小措施反映大智慧，师生共研、共谋、共治、共享，让比赛有着更为深刻的理论和现实意义，对学校落实立德树人根本任务、大力推进治理体系和治理能力现代化发挥了重要作用。

第三节　制度保障类

一、以高质量思政工作体系提升时代新人培养质量

（一）案例提要

高校思想政治工作，既是我国高校的特色，又是办好我国高校的优势。面对新形势新任务，高校思想政治工作只能加强不能削弱，只能前进不能停

滞，只能积极作为不能被动应对。华中师范大学始终把思想政治工作作为生命线，把人才培养摆在中心地位，把立德树人作为思想政治工作的出发点，建设风清气正的校风学风，让学生潜心读书，让教师潜心教学，确保学校始终成为培养合格的社会主义建设者和接班人的坚强阵地。

（二）实践探索

1. 明确"生命线"地位。学校党委坚持党的全面领导，坚持用习近平新时代中国特色社会主义思想铸魂育人，牢记为党育人、为国育才的初心使命，把思政工作贯穿学科体系、教学体系、教材体系、管理体系；在落实《深化新时代教育评价改革总体方案》过程中，坚持把立德树人成效作为根本标准，把思政工作纳入学科评估和"双一流"建设任务中；将建设高质量思政工作体系作为"十四五"规划重要内容，实施"价值引领，铸魂育人"专项行动、"五育并举"专项行动；通过实施教育部"书记亮点工程""思政工作改革创新年"等活动，推进思政工作改革创新，确保思政工作充分发挥"生命线"作用。

2. 构建一体化机制。加强顶层设计，健全学校思政工作组织体系、制度体系，成立思政工作领导小组，党委书记、校长任双组长，统筹全校思想政治工作；成立党委教师工作委员会，设立党委教师工作部，强化教师思政工作和师德师风建设；采用"1+X"方式全面推进思政工作制度建设："1"是学校党委制定的《华中师范大学关于深化新时代学校思想政治工作的实施意见》及相应的100项分解任务清单，"X"是指针对重点难点问题研究制定的《华中师范大学课程思政建设行动方案》《华中师范大学关于加强马克思主义学院建设的意见》等十几个相关配套文件，作出"八大育人体系""五个一体化"等系列重要部署，对思政工作进行统筹性规划、制度化安排，确立了学校思政工作的"四梁八柱"，构建"大思政"格局。

3. 破局关键性问题。坚持以问题为导向，破解思政工作堵点难点。持续推进习近平新时代中国特色社会主义思想进教材、进课堂、进头脑，探索以讲促学，引导学生成立习近平新时代中国特色社会主义思想学生研习社、大学生党史宣讲团，开展形式多样的理论宣讲。持续打好提高思政课教学质量和水平攻坚战，开好"习近平新时代中国特色社会主义思想概论"必修课，打造"同课异构·协同共研"思政课集体备课会、"思政+专业"分众式教学等多个在全国具有较高知名度的品牌，思政课教育教学实效显著增强，学校入选全国高校思政课"手拉手"集体备课中心、全国高校"马克思主义基本原理"教学创新中心。成立课程思政教学研究中心，编制课程育人指南，推出"教育强国"等系列课程思政金课，坚持课程思政"一院一策"推进落实。推动思政课教师、辅导员队伍数量大幅增加、结构不断优化、能力不断提升。

4. 营造沉浸式氛围。将立德树人内化于学校各项工作。抓关键群体，促全体参与。全体领导干部坚持上思政课、党课，联系党支部，带头做好育人工作，全体教授踊跃为本科生上课。落实所有青年教师都要有班主任经历和所有导师都要履行育人职责的要求，充分调动教师教书育人、干部教职工管理服务育人的主动性，形成全员育人合力。抓有效载体，促全面协同。以"十大育人"体系为主线，全面整合各类育人资源，推动形成育人合力，构建全方位育人格局。抓重要环节，促全线贯通。建立从入学到毕业就业的全过程培养体系，支持学生全面发展、多样成长，强化德智体美劳五育并举，通过"第二成绩单"全面记录学生各方面成长，打造全过程育人体系。

5. 探索"华师式"路径。立足师范本位，大力弘扬教育报国精神，通过"讲好华师故事"、成立教师思政教育研究中心等，引导教师做新时代"四有"好老师和"四个引路人"。发挥教育融媒优势，坚持立足新时代，利用新技术，采用新手段，探索新方法，实施"融媒+思政""智慧党建厅"等创新举措。采用项目化运作方式，扶持辅导员工作室、学生宣讲团等一批团队，培育"恽代英红色文化资源库"等，形成以学校官方公众号为核心的一批育人"名号"，创作一系列有分量、有影响的思政"名作"，培养一批重实干、实践和实效的思政"名师"。

（三）创新成效

经过系统性改革创新、持续性推动落实，学校思政工作的针对性、协同性、实效性明显提高，思政工作的引领功能充分发挥。学校入选教育部首批教育融媒体建设试点单位、湖北省"五个思政"综合改革试点高校，获批承建全国高校思政工作创新发展中心、全国高校思政工作队伍培训研修中心，入选教育部思政工作项目 11 个，数量位居全国高校前列。在抗日战争胜利 70 周年、改革开放 40 周年、新中国成立 70 周年、中国共产党成立 100 周年等重大时间节点，华师人汇聚起"永远跟党走"的强大正能量，为培养社会主义事业建设者和接班人争作华师贡献。

面对中华民族伟大复兴战略全局和世界百年未有之大变局，高校思政工作所处的时代方位和承担的历史使命都发生了深刻变化。华中师范大学坚持用更高标准、更实举措推进思想政治工作改革创新，积极面对培养担当民族复兴大任的时代新人对高校思政工作提出的新要求，全面聚焦实现高校高质量发展、建设高等教育强国对高校思政工作提出的新目标，积极应对教育数字化对高校思政工作提出的新考验，深入推进思政工作有机融入学校教育教学各方面各环节，构建思政工作创新发展体系，着力提升育人能力和育人质量。

二、以"十个一"活动为抓手，系统推进师德师风建设

（一）案例提要

2018 年，习近平总书记在北京大学师生座谈会上指出，评价教师队伍素质的第一标准应该是师德师风。2022 年，在党的二十大报告中，习近平总书记再次强调，要加强师德师风建设，培养高素质教师队伍。华中师范大学坚持以习近平新时代中国特色社会主义思想为指导，全面加强教师思想政

治工作和师德师风建设，开展师德师风建设"十个一"活动，探索学校师德师风建设的长效机制，努力营造"敬业爱生、风清气正、甘于奉献、乐于从教"的良好师风教风，培育"四有"好老师。

（二）实践探索

1. 完善一套管理办法，以制度规范推进师德师风的标准化建设。一是理顺管理体制，学校成立党委教师工作委员会，负责研究审议学校教师思想政治和师德师风建设等重大事项，指导相关部门开展工作。明确学院（部）院（部）长、分党委（党总支）书记对本单位师德师风建设负直接领导责任。二是细化规章制度，制定《华中师范大学关于加强和改进新时代师德师风建设的实施意见》《华中师范大学师德师风考核暂行办法》《师德失范行为负面清单及处理办法（试行）》，进一步细化师德失范的负面清单、处理程序和条款，强化了规范约束机制。三是融入具体工作，积极参与学校规章制度的起草或修订，将师德师风建设过程落实到教学、科研、管理的各个环节。

2. 压实师德第一责任人责任制，以关键少数推动师德师风工作落实落细。将师德师风建设情况作为二级单位目标考核和领导班子年度考核的重要内容。定期对师德师风建设情况进行监督评议。落实好师德师风工作责任制，落实问责机制，确保责任到岗、责任到人、见到实效。

3. 建设一批师德教育研究基地，以科学研究推动师德师风科学化建设。依托全国重点马克思主义学院建立"教师思想政治教育研究中心"，依托道德教育研究所建立"新时代师德师风研究中心"，筹划建立"教师培训资源中心"。学校对基地建设进行跟踪指导，在经费、课题、平台等方面予以支持。基地围绕师德师风研究、示范性师德教育、师德师风情况监测等课题开展研究，产出一批理论研究成果，探索有效的师德师风建设经验模式，开发具有实效性的师德教育资源，提高师德师风建设的科学性。

4. 开展一次自查自纠行动，以问题为导向推动师德师风常态化长效化建设。组织全体教职工对个人师德师风表现进行自查，强化以德立身、以德立学、以德施教、以德育德的意识和能力，全面提升个人思想政治素质和职业道德水平。组织各单位对师德建设长效机制贯彻落实情况开展全面自查，排查存在的突出问题和薄弱环节，强化工作落实主体责任，推动师德建设工作的常态化长效化。

5. 开展师德师风警示教育活动，以典型案例推动师德师风要求入脑入心。学校和学院每年至少召开一次师德师风警示教育大会，学习制度规范、通报典型案例。学校警示教育大会线上线下同步进行，高规格、全覆盖。学院警示教育大会面对面、点对点，摆问题、正方向。通过两个层次的警示教育，上下贯通，点面结合，强化师德意识，提高行为自觉。

6. 落实师德第一标准，以明确标准推动师德师风要求可感可知。严格招聘引进，完善教师招聘和引进制度，实行思想政治素质和业务能力水平双重考核制，把思想政治素质、师德师风考核作为选录的首要条件。高度重视从海外引进人才的全方位考察，提升人才引进质量。严格规范教师聘用，将思想政治和师德师风要求纳入教师聘用合同。严格考核评价，建立一人一档师德档案，强化师德考核结果的运用。

7. 举办与青年教师"面对面"活动，以关心关爱增强广大教师成长动力。每年至少召开一次青年教师座谈会，搭建青年教师与校领导面对面交流平台。青年教师谈发展、摆问题、表期待、提建议，校领导指方向、答疑惑、讲政策、研办法，职能部门现场办公，解决问题，回应关切，提供支持。用心用情办实事，营造尊重人才、服务人才的良好氛围，助推青年教师成长。

8. 主讲师德主题党课，以重要讲话唤醒广大教师育人初心。分党委书记和教工支部书记每学期主讲一次师德主题党课。围绕"立德树人与师德师风"主题，深入阐释习近平总书记关于教育的重要论述，分析学院师德师风现状、引导广大教工不忘初心，潜心育人。

9. 开展一系列师德培训，以先进理论涵养广大教师理想信念。建立线上线下相结合、专项培训与业务培训相结合的立体化培训体系。将师德作为岗前培训、教师培训、职员培训等常规培训的重要专题。开展思想政治和师德专项培训。积极选派高层次人才参加省部级国情研修班，举办国家级专家人才国情校情暑期研修班；举办骨干教师"厚植爱国情怀，涵育高尚师德"专题网络培训班、青年教师专题网络培训班、海外归国教师思想政治素质培训班。年培训 300 余人次，实现了重点人群培训全覆盖。

10. 表彰一批师德典型，以先进典型提升广大教师思想境界。隆重举行名师聘任仪式暨教师表彰大会，为从教 30 年、从教 40 年、荣休教职工颁发纪念证书，为"三全育人"标兵，重要荣誉、人才项目获得者（入选者）颁发获奖证书或聘书。新进教师受邀观礼，并在老教授的带领下进行入职宣誓，庄严承诺要"忠诚党的教育事业，履行教育神圣职责，做党和人民满意的'四有'好老师"。积极向上级推荐师德师风先进个人和群体。

（三）创新成效

学校持续推进教师思政和师德师风建设工作，以"十个一"活动为抓手，校内各部门通力协作，齐抓共管，齐头并进，通过师德行为规范的正面引导为良好的师德师风培根护基，加强教师的思想引领和优良师德师风文化传承，达到润物细无声的效果。学校涌现出湖北省"十佳师德标兵"、"荆楚好老师"等一批典型，充分展现了华中师范大学教师良好的精神风貌和高尚的师德修养。

教师是立教之本，兴教之源。高素质的教师队伍是办好教育的基础与前提，抓好师德师风是建设高素质教师队伍的内在要求和重要保证。要加强师德师风建设，教育引导广大教师成为塑造学生的"大先生"。华中师范大学聚焦师德师风建设，在健全师德建设制度体系、加强师德培训、选树优秀师德典型、强化师德监督考评、惩处师德失范行为等方面全方位加大师德师风建设力度，营造了教书育人的良好氛围。

三、以教育数字化精准赋能高质量时代新人培养

（一）案例提要

教育与人的成长紧密相连，与文明发展共生相伴。党的二十大报告指出，教育、科技、人才是全面建设社会主义现代化国家的基础性、战略性支撑，提出推进教育数字化。在推进中国式现代化的新征程上，华中师范大学面对教育数字化新浪潮，抢抓教育数字化转型新机遇，超前布局信息技术与教育融合研究领域，探索教育数字化新路径，带动建设教师教育领先的世界一流大学，助力担当民族复兴大任的时代新人培养。

（二）实践探索

1. 定位"标杆校"，探索数字华师路径。坚持以"数据驱动、融合创新"为目标，坚持"环境智能化、资源泛在化、教学个性化、科研协同化、评价科学化、管理精细化、服务人性化、德育全员化"的原则，制订实施学校教育信息化2.0规划，成立"数字华师"建设领导小组，打造校院领导等各级管理者数字驾驶舱，全力开辟教育数字化"华师路径"。

2. 构建"八维度"，提升人才培养效能。打造数据驱动的个性化人才培养模式；重构教学环境，打造面向学科的智慧教育环境，投入使用智慧教室150间，建设未来学习中心，探索出分级协同教学、"APCT教学"等新型教学模式；开展进阶培训，提升教师信息化教学能力；丰富教学资源，开发数字化教学资源库，推出"云课程"，自主研发"小雅"智能教学平台，开设课程4.5万余门，用户近10万人，提供更加开放的教育；创新教学方法，推广混合课堂教学；改革评价模式，开展基于数据的综合评价；优化管理服务，构建育人新生态；设立教学节，营造教学文化。

3. 探索"智能+"，打造育人创新高地。瞄定"人工智能+教育"领域，

成立人工智能教育学部，整合教育学、心理学、信息科学等学科，建设以12个高水平平台为支撑的平台群，构建智能教育领域的基础理论创新、关键技术研发和应用示范的科技创新体系。开展有组织科研，研发智能云端一体化学习等多项关键技术，参与教育信息化2.0行动计划等文件编制，制定教育信息化国家、国际标准10多项。建成国家智能社会治理实验基地（教育）、宁夏人工智能教育研究院等平台，助力"互联网+教育"国家级示范区、国家智慧教育示范区建设。

4. 建立"资源池"，优化科研信息服务。推动科教结合和研用结合，探索科研资源应用新范式。我们加强了新技术与人文社会科学学科交叉融合，探索形成超学科思维的发展理念。譬如，打造中国农村发展智库平台，建设中国农村社会调查系统等5个子系统，实现"三农调查数字化"。强化新技术与理科交叉融合，为农药先导化合物的高通量虚拟筛选等研究提供了多元计算支持。

5. 融通"产学研"，拓展学校办学空间。建构多方支持的"UGSB"（高校/科研机构—政府—学校/用户—企业）协同创新机制，成立教育信息技术协同创新中心、信息化与基础教育均衡发展省部共建协同创新中心，共同推进教育发展进入更加开放的新空间。

6. 构建"五个一"，重塑现代治理模式。面向服务场景优化流程，汇聚200多个微应用点，全面推进"一网通办"，建设"五个一"工程（认证一个口、服务一个厅、流程一张表、决策一平台、数据一个库）；面向业务场景推进教学、科研等核心业务数字化转型，搭建融合业务流程的数据中台。建成"数字华师"智慧运行中心和数字孪生校园，数据成为支持管理精准化、决策科学化的重要依据，学校治理从"信息化"向"数字化"转变。

（三）创新成效

通过实施学校教育信息化2.0规划，学校致力于打造教育信息化标杆高校，先后获批首个国家数字化学习工程技术研究中心、首个教育信息化战略研究基地、首个教育大数据应用技术国家工程实验室，教育大数据应用技术国家工程实验室被纳入国家工程研究中心新序列，成为全国首批本科院校信息化试点单位、试点优秀单位，荣获部属师范大学历史上首个高等教育国家级教学成果奖特等奖，国家自然科学基金"教育信息科学与技术"领域立项数连续五年位居全国第一。

华中师范大学准确识变、科学应变、主动求变，主动拥抱信息时代，通过深度融合信息技术的高校人才培养体系重构与实践探索，完善了学校教育数字化顶层设计，提升了学校治理水平，成为高校智能化育人环境、智能化公共基础服务平台建设的先行者，在教育强国建设的新征程上探索出了华师路径。

后　记

　　《时代新人培养的高校使命与担当》是教育部"全国高校思想政治工作中青年骨干队伍建设项目"的成果之一。第一章由马俊撰写，第二章由梅旭成撰写，第三章、第四章由叶雷撰写，第五章由刘志强、李芳、邵莉莉、余逸飞、陈凌继霄、马珺、李杰、毛军刚、胡找心、曹世生、黄怡宁、李宪玲、美合日姑丽·阿不都外力、徐刚、邹泽沛、周义、王伟、恽力达、钟文锐共同撰写，导论和全书统稿由我负责。

　　本书非常荣幸入选"2022年高校思想政治工作文库"，感谢教育部思政司的大力支持。本书在写作、出版过程中，还得到了华中师范大学党委及有关部门的悉心指导和大力支持。人民出版社高度重视本书的出版，编辑同志对书稿的内容提出了宝贵的修改意见，对本书出版给予了大力支持。撰写过程中，参考了大量专家学者的研究成果。项目团队成员也给予了大力支持，在此一并致谢。

　　本书仅仅是对当前时代新人研究的有益补充，受理论水平、研究能力和研究时间等因素的限制，本书研究体系和内容仍然存在很多不足之处，恳请专家、读者批评。

王长华

2025 年 5 月

责任编辑：王 淼
封面设计：胡欣欣
版式设计：王欢欢

图书在版编目（CIP）数据

时代新人培养的高校使命与担当 ／ 王长华等著.
北京 ：人民出版社，2025. 5. --（高校思想政治工作
研究文库）. -- ISBN 978－7－01－027000－5

Ⅰ. G649.2

中国国家版本馆 CIP 数据核字第 20259FW574 号

时代新人培养的高校使命与担当
SHIDAI XINREN PEIYANG DE GAOXIAO SHIMING YU DANDANG

王长华　叶雷　马俊　梅旭成　著

人民出版社出版发行
（100706　北京市东城区隆福寺街 99 号）

中煤（北京）印务有限公司印刷　新华书店经销

2025 年 5 月第 1 版　2025 年 5 月北京第 1 次印刷
开本：710 毫米×1000 毫米 1/16　印张：12.25
字数：175 千字

ISBN 978－7－01－027000－5　定价：50. 00 元

邮购地址　100706　北京市东城区隆福寺街 99 号
人民东方图书销售中心　电话（010）65250042　65289539